JN215893

うまくいった
やり方から
捨てなさい

Leave your old success law behind

椎原 崇

サンマーク出版

イントロダクション

人生ステージの変化の兆しを見逃すな！

人生のステージが変わるとき、人は必ず、今までは心地がよかった状態に「違和感」を抱きはじめます。

今までは楽しんでやっていたことに、
……「あれ、なんか楽しくない。なんでこんなに苦しいんだっけ？」
今まで会えばオールするくらい気の合っていた仲間といても、
……「あれ、この子こんな子だったたっけ？　なんか居心地悪いな……」
今までは普通だと思っていた収入なのに、
……「あれ、なんかしょぼくない？　もう少し稼いで、いい暮らしできてもいいよね」

この違和感、たぶん我慢すれば耐えられる程度のものです。
さらに現状が嫌というわけでもなく、自分を取り巻く人や環境への感謝の思いもちゃんとある状態。だから無視しようとすればできてしまうくらいのうっすらとしたものです。

だけど、やっぱりなんとなく、そこにたたずむ「違和感」。

「ここはもう自分がいる場所じゃないなあ」という感覚。

もしもあなたが今そのような状態であれば、僕はこう伝えたい。

おめでとう。

その違和感こそが、あなたの人生のステージが変わる合図だからです。

だからこそ、その違和感を放置してはダメ。

この状況になってあなたが取るべき行動は1つ。

それは、

・今までうまくいってきたやり方
・今まで結果が出ていた考え方
・今まで役に立ってくれた能力
・今まで自分を支えてくれたノウハウ

――を、手放すこと。


それはとても怖いことに思えるでしょう。

罪悪感だってあるかもしれない。

もったいなくも感じるはずです。

でも、僕がこれまで多くの方の人生の転機を見てきた経験からいうと、「これまでうまくいったやり方」ほど、次の新しいステージでは「足かせ」になることが多い。

いや、これはもう、ほぼ全員。僕が出会った人誰しもに共通していました。

だからこそ、僕は痛感したんです。

人は、自分が今いるステージそれぞれで、「うまくいくための方程式」が違うということを。

うまくいく人は「軽々と楽しそうに捨てられる人」

昨日うまくいったやり方が、明日もうまくいくとは限らない。

人生をもっと大きなスパンで考えたときに、自分を今いるステージに連れてきてくれた考え方やスキルが、「もっと高い、別の目的地」に連れていってくれることはない。これは断言してしまいたいほど大切なこと。

人は基本的には変化を嫌う生き物だと思います。だから、この本のタイトルに戦々恐々とした人もいるかもしれません。あるいは、見て見ぬふりをしたくなった人もいるでしょう。

でも……心のどこかで、「今までと同じやり方をやっていても、成果が上がらない」

とわかっているのではないでしょうか（だから、手に取ってくださったのかも）。

「今と同じやり方ではいけない」と思いつつも、一度うまくいった方法を捨てるなんて、目の前にある「手堅くゲットできそうなお宝」をみすみす取りこぼすようなもの──そんな葛藤のなかにいるあなたにこそ、この本を読み進めてほしいと思います。

この本は、うまくいったやり方を捨てるのは難しい、もったいない、怖い、不安だ……という「捨てられない自分」から、どんどん捨ててどんどん新しいステージに行ける、つまり「捨てられる自分」になる方法、「捨て方の練習」を書いた本だから。

というのも、僕のまわりにいる、お金も仕事も人間関係も、ストレスなく心地よく生きている人の特徴って、「捨てられる人」だと気づいたんです。

捨てるといっても、「苦渋の決断」とか「泣く泣く」捨てる、のではありません。あくまでも軽やかで、楽しそうに、これまでの自分のうまくいったやり方や、当たり前とつい思いそうになる「考え方」を捨てている。1つひとつ手放して、代わりに羽でも生えたんじゃないかというほど。

不思議なことに、「捨てる」と、入ってきます。捨てた分、余白ができるから、新しいものや、もっといいものがどんどん入ってくる。

うまくいったやり方を捨てたから、新しいやり方で、もっと稼いで、もっとうまくいって、もっと楽しく、心地よくなっている。

僕自身も、周囲の人生の先輩たちの背中を見ながら、「捨てる練習」を経て、どんどん捨てて今があります。

あなたも、「捨てられる自分」になるための練習、この本で一緒にやってみませんか？

今までなら選ばなかった色を選ぶ

うまくいっていたやり方、成功した考え方。

それら全部とはいわないから、まずはどれか1つ、手放してみませんか？　捨てることの面白さを体験してみて！　というのが、この本を通して僕がお伝えしたい、提案です。

・これまで成果が出ていたやり方と違う方法をやってみる
・普段これがベストだろうと続けていたトレーニングを変えてみる
・疑いもせずに最短距離と思っていた通勤路を変えてみる
・自分に一番似合うと思っている今の髪型を変えてみる
・あえて、今までなら選ばなかった色を選ぶ

それはたぶん、ちょっと（人によってはだいぶ）の勇気がいることかもしれません。
でも、やってみると必ず気づくことがある。

新しいやり方のほうが、成果につながった！　という発見だったり、
新しい考え方に一新したとたんに、気持ちが軽やかになったことを実感したり、
新しいファッションが、思ったよりも似合うことがわかったり、
新しい髪型が、意外に周囲の評判がいいことに驚いたり、
新しい通勤路に、素敵なお店を見つけて、毎日そこを通るようになったり……。

今まで、
「ベストなやり方」だと思い込んでいたこと。
よく考えていなかったけれど「これがいいんだ」と思っていた方法。
「当たり前」という感覚でいた、自分のなかのルーティン。
……の反対。そっちじゃないほう。
それを選ぶことができたら、人は劇的に成長します。

成長とは変化そのものである、といいますよね。成長とは、さなぎが大きなさなぎになるのではなく、さなぎが蝶に変化することである、という話を聞いたことがある人もいるかと思います。

僕はそもそも、すべての人は、どの瞬間も、成長していると思っています。

どんなに逆境にあって、後ろ向きに人生が流れているように感じるときですら、成長している。サボっているときも、成長している。クズのような生活に陥っているときだって、成長している。どん底でも成長している。そう思っています。

だから、「さなぎ」がさなぎのまま「大きなさなぎ」になるのも僕にいわせれば成長ではあるのですが、さなぎから「蝶」に変化する成長は劇的です。見た目にも大きく人生のステージが変わる成長ですよね。

まさに、さなぎという形態から、花から花へと空を飛び回る蝶へとステージを変えてしまう成長。

そんな「ステージを変えてしまう成長」をしたいというとき、必要なのは、なるべく身軽であることです。○○でなきゃ、という固定観念や○○はこうだ、というジャッジを自分のお荷物にしないこと。

だって、自分が蝶になるのに「僕はさなぎだから飛べない」って思い込んでいたら、ずっと葉っぱに止まっている蝶になってしまうでしょう？　そんなのもったいないと思いませんか？

だからこそ「捨てる力」が必要なのです。

やってみたら「意外にできる」捨てる練習

そんな、「捨てられる人」になるためのもっとも早い方法が、**自分がうまくいったやり方を「捨てる練習をする」**ということ。

僕は、この「うまくいったやり方ではないほうをやってみる」ということをコンサルティングのなかでも行いますが、やってみた人が最初に口にするのが、

「やってみたら、案外できた」

「怖いと思っていたけど、それ以上にワクワクできた」

ということです。

うまくいったやり方を捨てることを怖いと感じるのは、まだそれをやっていないから。ただそれだけです。

うまくいったやり方を捨てることは、怖くない。

それを体験してみてほしいのです。

といっても、いきなりこれまでうまくいっていた仕事の成功パターンを捨てようと

しなくてもＯＫ。小さなことでも十分です。うまくいったやり方を捨てることが怖くないとわかると、次はこれを捨ててみよう、あれも手放してみよう、と思えるようになるでしょう。

これまでの成功体験や当たり前、が鎮座していたあなたのなかに、「新しいやり方」「新しい考え方」の居場所をつくること。そうすればあなたは劇的にバージョンアップした自分を感じるはずです。

まずは捨てる練習から。

捨てたら、次には自分が本当にほしいもの、今ほしがっているものが、本当にほしいものなのかどうかを、自分に確かめる。ほしいものに気づく、ほしいものを確認するという作業をします。

ほしいものが何かわかったら、自分らしい手段で、躊躇《ちゅうちょ》せずに喜んで手を出して受け取る練習。だって捨てるのもそうだけど、受け取るのが苦手な人もめちゃくちゃ多いから。

幸せに人生を楽しんでいる人たちがやっている、

「捨てる」
「ほしいものを見つける」
「自分らしさを武器にする」
「とことん受け取る」

というこの4つのサイクルを身につけると、あなたはあっという間に激変するはず。

さあ、新しい自分になるために、捨てることからはじめよう。

目次

執着とこだわりをほどく

誰かの「当たり前」をできるかぎり遠ざける

自分にふさわしくないならさっさと手放す

CHAPTER 2

あなたの「ほしいもの」を知る練習

CHAPTER 3

「あなたらしさ」を武器にする

CHAPTER 4

とことん受け取って幸せになる

ブックデザイン　萩原弦一郎（256）
イラスト　椿井友子
本文DTP・図版　天龍社
構成　MARU
編集協力　乙部美帆
編集　橋口英恵（サンマーク出版）

CHAPTER 1

捨てる練習をしよう

捨てる練習

その1

うまくいったやり方を捨てる

スタバで「Lサイズ」頼んでない？

先日僕は、スタバでホットカフェラテを買おうと店内の列に並んでいました。

僕の前には70代くらいのおじいちゃんがいました。順番がきて、そのおじいちゃんは店員さんに向かってこう言いました。

「コーヒーのLサイズください」

すると店員さんが慣れた手つきでカップをマトリョーシカみたいに並べて、「こちらがトールサイズ、こちらがグランデ、こちらがベンティサイズで」と説明をはじめました。

おじいちゃんは「え、あ」と多少テンパりながらも、指で「これ！　この大きさ！」とカップを指して、無事「グランデ」サイズを購入したのです。

きっと、このおじいちゃんが今まで行っていたお店では、「Lサイズ」で、注文できたのでしょう。でも、スタバには「コーヒーのLサイズ」は存在しない。おじいちゃんは、聞いたこともない3つのサイズ名を浴びせられるという、「スタバの洗礼」を受けたというわけです。

僕らの人生にも、この「スタバの洗礼」のようなことはよく起きます。

今までに行ったことのないところや、やったことのないことをやるときには、

・今までのやり方では通じない
・今までの常識が通用しない

そんな「洗礼」を受けることがあるのです。

スタバでは「Lサイズ」という呼び方を手放さないといけないように、僕たちの人生でも、今まで慣れ親しんだ「当たり前」を手放さないといけないことがよくあります。

人生のステージが変わるとき、何かまったく新しいことをはじめるとき、野球からサッカーに競技が変化するくらいのレベルで「人生のルール」がガラッと変わるからです。


今まで、誰かのために動くことを大事にしていたのであれば、

次は、自分のためだけに動くことを大事にするタイミングなのかもしれない。
今まで、他人の意見を素直に聞くことを大事にしていたのであれば、
次は、自分の意見を押し通す強引さが必要なタイミングなのかもしれない。
今まで、時間があったらすべて勉強や自己成長に費やしてきたのならば、
次は、思いっきり時間を無駄に過ごしてみる時期なのかもしれない。
今まで、お金よりも好きなことを追いかけていたのであれば、
次は、好きなことよりもお金を追いかけるタイミングなのかもしれない。
今まで、人に好かれるために「いい人」をやってきたのであれば、
次は、「ゲスな自分」をオープンにしていく時期なのかもしれない。

新しい場所では、それまであなたを成長させてくれた大切な教えや考え方、あなたを守ってくれた教えや考え方、あなたを苦しい状態から救ってくれた教えや考え方、あなたが小さいころから常識だと思ってきた教えや考え方が、必要ではなくなります。

これまでとは違う、多くの場合、これまでとは真逆にも見える、新しい教えや考え方が必要になる。それを受け入れられるのか、そこへ移行できるのかどうか。それが、

人生のステージが変わるときに、試されるのです。

人は慣れ親しんだルールに安全、安心を感じる生き物です。だからそれを手放そうと思ったとき、必ずそこには執着と葛藤が起こります。執着や葛藤が起こるのは当然。それが悪いとかではなくて「そういうもの」と考えていいくらいです。

だからこそ、意識してそれまでのルールを手放し、新しいルールを知って受け入れようと試みることが大切。

今、もしもあなたが新たなステージを望んでいて、「なんかうまくいっていない」と感じるのなら、まずは疑ってみてください。

人生の新しいステージ……はじめて行くスタバで「Lサイズください」って言っていないかどうかを、ね。

うまくいったやり方から捨てる

中卒で元パチプロだった僕は20代のころに、パチプロで稼いだお金を元手に飲食店をはじめました。

当時お世話になっていた先輩経営者に経営ノウハウの教えを請い、それを素直に実践し、売り上げも順調に増えていきました。最初は自分1人ではじめた店が、1人、また1人と従業員やバイトが増えていき、スタッフと同じ目標に向かう楽しみを知りました。お客さんに喜んでもらうために、みんなでアイデアを出し合い、うまくいったらみんなで喜んで、失敗したらそれをネタにみんなで笑う日々……。

チームで成功に向かっていく感覚が楽しくて、今振り返っても当時休んだ記憶がないほど、がむしゃらに働きました。1店舗、また1店舗と事業を拡大していき、それぞれのお店も繁盛して、充実した時間を過ごしていました。

23〜24歳になったころ、僕のなかに「新しい価値観」が生まれました。ある経営者の先輩たちとの飲み会で、バカ話をしている最中に、1人がこんな質問をしたのです。

「あと1年後に死ぬってわかっていたら今の仕事、続ける？」

そのときの僕は、とっさに答えました。

「1年後に死ぬってわかっていたら、今の仕事じゃない！『できないかもしれないこと』にチャレンジしたい！」

僕は、自分の言葉にハッとしました。「今やっていることが、本当にやりたいことではない」と、そのときはじめて気づいたからです。

同時に僕は困惑しました。

なぜなら、その「本当にやりたい、『できないかもしれないこと』」が「何」なのか、自分でもまったくわからなかったのです。

経営者で、それなりに稼いでいて、不幸せでは決してない。

なのに、僕は自分が何をしたいのかがわからないんだ。

――僕は、この事実に衝撃を受けました。

「どうすれば、自分がやりたいことがわかるんだろう」

「どうすれば、自分の本当の望みがわかるのか」

僕は生まれてはじめてそんなことを考えました。

僕はそれまで、アホみたいに忙しく、忙しさを楽しむだけの経営者でした。

社長は現場で一番働いてこそ、経営はうまくいく。人件費を抑えて、社長自らが誰よりも懸命に働かないと、ほかのスタッフたちに示しがつかない。本気でそう思っていました。

「自分がやりたいことをやるには、今の自分にはない『自由』がどうしても必要らしい」。そう思っていると、あるキーワードが僕の目の前に現れました。それは「ビジネスオーナー」「不労収入」という2つのワードでした。

「自分が実働しないでお金が回るようにする」という考え方を知り、「こんな世界があったのか！」と驚きました。

ビジネスオーナーに関しての本を読みあさったり、全国各地のセミナーに通ったりして、僕は徐々に、「土日を休む」ようになったのです。

土日を休む自分に、うっすらと罪悪感を感じながら、自分が興味のあることを追求しはじめると、僕のなかに少しずつ変化が起こりはじめました。

まず、自分の仕事に完璧を求めなくなりました。自然とスタッフにも完璧を求めなくなり、彼らを「見張る」のではなくて、「任せる」ようになりました。

タイミングよくフランチャイズビジネスの話もきて、少しずつ「お金の入り口」が増えていきました。少しずつ、自分が全部関わらなくてもお金が入る流れをつくることができたとき、僕は思いきってスタッフに「お任せ宣言」をしました。

「社長が誰よりも働くべし」なんて思っていたから、スタッフは何と言うだろうか、と、申し訳ないような後ろめたいような気持ちがあったのは事実ですが、実際にやってみると、自分が想像していた以上に現場ははりきってくれて、驚くほどうまく回るようになりました。

現場のみんなは、社長の僕がいつもいつも顔を出して叱咤《しった》激励しているときよりも、自分の仕事に責任をもって自由に働いているときのほうが、もっともっとそのパフォーマンスが上がるのだ、と僕は肌身で知ることになりました。

「僕が現場で毎日必死で働いているから仕事は回るし、スタッフもしっかり働いてくれる」。僕は、飲食店を立ち上げたときからもちつづけていた、その考え方を手放したのでした。

すると、それまで「絶対無理」と思っていたことができていることに感動し、そこからは時間とお金にあまり縛られない生活が送れるようになりました。

振り返ってみるとあのころから、僕の人生は「あと1年しか生きられないならやりたいこと」に向けて動きはじめていたのだと思います。

僕がもし働きつづける経営者だったなら、状況は変わらず、飲食店の経営もそのうちいつか行き詰まっていたかもしれません。

でも、だからといって、僕がもしも、経営をはじめた当初から自分が現場にタッチせずに任せっぱなしだったなら、それはまたうまくいかなかったとも思うのです。

僕にとっては、最初の「僕自身ががむしゃらにやるフェーズ」があったから、「任せる」というフェーズに移れた。

人生を変えたいなら、ステージに合わせて思いきって古いやり方や考え、もっているものを捨てること。そして、今まで自分が知らなかったやり方や考え、手法を取り入れること。僕は、その大切さを知りました。

ビジネスにしろ、恋愛にしろ、人生の段階にはすべて「そのときだからこそピッタリ合うしくみ」があります。

自分のいる人生のフェーズによって、方法は変えていく必要がある。次のステージに移ったときは、それまでうまくいっていたやり方こそ秒速で手放して、新たな方法

を模索するほうが、人生はうまくいくようだ。

僕は多くの人生模様を見ているうちに、そう確信するようになりました。

「もったいないもの」はまっ先に捨てなさい

「違和感を感じたときに、どういうものから手放せばいいのか」というのは、やったことがないとわかりづらいですよね。

実はこの「手放すべきもの」を、簡単に見分ける方法があります。

それは、

- **喜びでやっているか?**
- **もったいないからやっているか?**

で考えてみること。

そして「もったいないから」という理由でやっていることから手放すといいでしょ

う。

- **今までやってきた仕事を辞めるのはもったいない**
- **こんな条件のいい彼氏と別れるのはもったいない**
- **今まで築いた地位を失うのはもったいない**
- **福利厚生が充実している正社員を辞めるのはもったいない**
- **せっかく取得した資格を使わない仕事はもったいない**

あなたが「もったいない」と反応しているものこそ、今のあなたには必要のないものだったりします。

だって、本当に大切なものに対して「もったいない」って言わないからね。

それはたとえば、今の彼と一緒にいる理由が「彼のことが好きだから」なのか「失うのはもったいないから」なのか。

その視点で考えるとわかりやすいのですが、「好きだから一緒にいる」というのは非常にポジティブな感覚です。反対に、「この人を手放すのはちょっともったいない」

というのは、エネルギー的にはネガティブなのです。

というのも、「もったいないから」という理由で一緒にいるということは、まず、本当に好きな人と出会い、一緒にいるという可能性を失います。さらに、さほど好きではない人と過ごす時間には停滞感が生まれます。

でも、人は往々にして「もったいない」からその手を離せずにいる。なぜだと思いますか？

人がもったいない、と思うのは、損したくないからです。

人は「得をしたい」「成長したい」というポジティブな思いよりも、「損したくない」「失うかも」というネガティブな思いをまず避けようとします。

これから手に入るかもしれない素敵なものよりも、今もっているものがなくなるかもしれない怖さのほうが勝ってしまう。人ってそんな生き物なんです。

だから、僕たちはよほど意識していないと、どうしても慣れ親しんだ「いつもの方法」「いつもの考え方」を選択してしまいます。今までうまくいっていた方法、ここまで自分を連れてきてくれた方法を手放すのは難しいと感じてしまう。

でも、だからこそ肝に銘じてほしいのです。

あなたのこれからの未来は、過去の延長線上でもなければ、現在の延長線上でもありません。

あなたをここまで連れてきたものが、あなたをあそこまで連れていってくれることはありません。今までの自分を手放したあなたが、想像もできないところへあなた自身を連れていってくれるのです。

人生でもビジネスでも、ステージが変わるとルールが変わります。

今なんとなく人生が停滞しているように感じていたり、自分の人生に違和感を感じていたりする人は、自分にこう尋ねてみてほしいのです。

「今、私がいるステージは、本当に私のいるべきステージだろうか」ってね。

捨てる練習
その2

執着とこだわりをほどく

「言ったことには責任をもて」のワナにはまるな

僕らは「言ったことに責任をもちなさい」と言われながら育ちます。だけど、あなたの考え方も、あなたの生き方も、あなたのあり方も変化するのが当たり前。**だから、「過去に言ったこと」にとらわれすぎないでほしいのです。**

それよりも、今、自分が大事にしたいことが何なのかをわかっておくことが大事だと僕は思います。

自分の人生を振り返ってみてください。

食べ物の好みも音楽の好みも好きな異性のタイプも、ずっと同じじゃなかったでしょう？　時間がたつと変わっていきましたよね？

たとえば、子どものころにニンジンが大嫌いで「ニンジンキライ」って言っていたとしても、年を重ねると好きになることもある。それについてはきっと堂々と「昔は食べられなかったけど、今はおいしい！　大好き」って、言えますよね？「ニンジンキライって言ったから、ずっとそうしなきゃ。僕はニンジンキライって言ってしまったから」って思う人はほとんどいないはず。

だけどこれが人生の話になるとなぜか、自分の考え方や発言が変わってはいけないと思い込んでいる人が多いのです。

でも、よく考えてみてください。

過去のあなたと今のあなたは変わらないところもあるだろうけど、きっと、変わっているところも山のようにありますよね。

そして、過去に大切にしていたもので、今大事なものもあるかもしれないけれど、今は大事じゃないものもあるはず。


「過去大切にしていたものを手放してもいいよ」

「過去言ったことと違うことを言ってもいいよ」

僕はいつもそう伝えています。


あのときは、それが大事だった。でも今は、それが大事じゃない。

あのときは、それが大事じゃなかった。でも今は、それが大事、でもいい。

それよりも、今のあなたがどんな考え方をして、どんな生き方をしたくて、どうありたいか。それにきちんと注目してあげること。

過去に大事だと言っていたことに責任を取る必要も、執着する必要もありません。

今大事にしていることを素直に表現していきましょう。

「やりたいことを見つけなきゃ」と思わなくていい

「本当にやりたいと思うことが見つからない。どうしたらいいですか？」

この質問、本当にたくさんの人が抱えているし、これを抱えている人はなぜかとっても悩んでいます。

「やりたいことが見つかったら頑張れるのに」

「好きなことで身を立てたいのにそれが何なのかわからない」

と、本人はけっこう深刻だったりするのです。

僕自身もそう悩んだ経験があるから、気持ちはとてもよくわかります。

だけど、そうやって悩んで動かずにいることが、何よりも一番深刻だってことに、今すぐ気づいてほしいのです。

だって、人生の時間って有限です。

それに、どんなにやりたいことでも、やりたくない日があったり、ほかにもっとやりたいことが見つかったりして、日々変わっていくもの。

「これこそ私がやりたかったことなんだ！」

そういうものが見つかって、うれしくって楽しくって邁進《まいしん》していたのに、半年くらいたってある日突然、「あれ？　そうでもなかったかも」「あれ？　何をあんなにのめり込んでたのかしら」「あれ？　これって私が本当にやりたいことだっけ？」って感じた経験はありませんか？

自分は熱しやすくて冷めやすい、なんてネガティブにとらえる必要はありません。

あれって、なぜそうなるのかというと、実際にそれがやりたいことだったか、そうではなかったかということはまったく関係がなくて**「自分が今、何モードで生きているか」**という部分、つまりアイデンティティのほうが変化しているから。

たとえば、

「カウンセラーモードの自分」がいれば、
「作家モードの自分」もいる。
「ビジネスマンモードの自分」がいれば、
「アーティストモードの自分」もいる。
「女性モード」の自分がいれば、
「母親モードの自分」「娘の自分」だっている。

あなたのなかには、いろいろな自分がいて、今、自分が「何モード」なのかによってやりたいことは自然に変化してしまうのです。

今あなたが……
ついつい考えてしまうことって？
心から楽しめることって？
時間を忘れて夢中になれることって？

お金を払ってでもやりたいことって？

……そんなふうに掘り下げていったときに、たとえば「誰かをカウンセリングして、その人の力になりたい！」ということになれば、そのときは自分が今、カウンセラーモードになっているということです。

ところが、しばらくして「母親（妻）モードの自分」に移行したら、「本当にやりたいこと」は「子ども（夫）の笑顔を見ること」に変わっていたりするわけです。


そう、人は自分で自覚している以上に、自分のなかにいくつものモードがあって、それがつねに変わっていく。つまり「やりたいことがわからない」って悩んでいる人は、「やりたいことがブレているクソヤロー」なのではなくて、「何をやるか」に意識を取られすぎているってだけ。

そう考えると「人生をかけてやりたいこと」を必死に探すよりも、「今自分が何モードで生きているのか」を考えてみたほうが建設的だし、「今やりたいことがない」というなら「ない」なりに、そのなかでもやりたいことを探ってとりあえずやってみる、で十分なんです。

極端にいえば、それは「ぼーっとすること」でもいい。特別なことをやらなくてはならない、なんて幻想だし、妄想だと思ったほうがいい。

そのうち、情熱的な自分が突然出てきて「うおりゃーーーー」って何かやりだすかもしれません。でもそれだって、そのうち「ああ疲れた、もういいや」ってなる。

大事なのは、止まらずに何かをやろうとすること。止まらずに、今、やれる範囲で動いていること。なぜかというと、「何かをやること」よりも、「今、それを通して楽しんでいるかどうか」が大切だからです。

そもそも、やりたいことが見つからないという人は、感情に蓋をしてしまっている場合が多いように感じます。

自分がどんなことに怒って、どんなことにうれしくなって、どんなときにさびしいと感じるのか。どんなときにくやしいと感じるのか。いろいろな感情そのものを感じて、ひたる訓練をする。

すると、自分がやりたいことを自然と見つける人も多いものです。

ライバルを蹴落としたくなるなら、まだその程度

あなたにはライバルといえる存在はいますか?

「ライバル同士こそ、つながりをもつこと」って、実はとてつもなく大切です。

僕はこれを、まだ若い10代のときにメンターに教えてもらいました。

……というとカッコいいけれど、本当のところは、ただ、パチプロのおじちゃんが若かりし僕に「大事だべ」って教えてくれただけです(笑)。

でもこのおじちゃんの言葉とパチプロ時代に実感した「ライバル同士のつながり」は、後々の僕にとって、とても意味あるものでした。


多くの場合、ライバルとは自分と同じ職業の人や同じものを目指している人ですよね? もしそれがお金に直結していようものなら、相手を蹴落としてでも相手に勝ちたい。

そして、自分が「勝つため」に相手に勝たせないように頑張ってしまうことってありませんか?

何を隠そう（別に隠しませんが）、僕もパチプロ時代に「あいつに勝たせたくねぇ！」というブラックな自分が出てきたこともありました。

冷静に考えるとほかの人が負けたからといって僕の収入が上がるわけでもないし、ほかの人が勝ったからといって僕の収入が減るわけでもないのに、なぜか、「相手が勝つこと」＝「奪われる」「失う」「取り分が減る」という気がしてしまうわけです。

そんなとき、パチプロのおじちゃんがこんなことを言ったのです。

「どうせ1人1台しか打てないんだからさ、ほかのいい台の情報とか、ほかのプロに教えてあげて、ときどきは勝たせてあげなよ」

「競ってもいいことはないよ。同じ仕事している同士ってさ、結局は協力したほうがいいんだよ」

この、どこから見ても普通の人にしか見えない（パチプロとして月に100万円以上稼いでるとは到底見えない）、たぶん50代の、白髪頭で毎日同じ服、同じキャップをかぶっているおじちゃんは、パチンコ台に視線を残したまま、そうさりげなく僕を諭しました。

それからの僕は、おじちゃんの教えどおり、ほかのプロが勝てるように情報を回すようになりました。よい台を独り占めせずに譲り、勝ちすぎたりしないさじ加減を覚え、積極的に「協力する」ようになったのですが、そこからが面白かった。

必ずお返しがくるようになったのです。

僕が、「あの店、最近熱いっすよ！」と情報をあげると、「あの新しい店のあの機種は激アマだよ」という情報を教えてくれたり、自分が打っている台の隣でいい台が空いたからと人に譲ったりすると、後日、僕にいい台を譲り返してくれたり……。

結果的に、１人で自分だけ勝とうとしていたときよりも、圧倒的に勝てるようになりました。

そんな経験を通じて「これは絶対に、人とは協力したほうがいい。ライバルとすら協力したほうがいいのだから、これは間違いない!!」と心の底から思ったのでした。

争うんじゃなくて、
仲間になる。

足を引っ張り合うんじゃなくて、
与え合う。
利益を奪い合うんじゃなくて、
お互いに儲《もう》かる。

パチプロ時代の教訓から、僕はライバルっていうのは、協力する関係をつくったほうがお互いにとって圧倒的にメリットがあると考えているし、どんな人とも、「横のつながり」をつくることが、ビジネスがうまくいく秘訣《ひけつ》の1つだと思っているのです。

これは、もちろんパチプロ業界でなくてもそうです。

誰かと戦うのではなく協力する。力を出し合う。知恵を与え合う。

それがライバルであっても、自分から一歩寄って一肌脱いであげられる人が見る世界を、僕はちょっとだけ垣間見た気がしています。

捨てる練習
その3

誰かの「当たり前」を できるかぎり遠ざける

あなたの「理想」が「当たり前」になっている人はいますか？

昔、実業家で作家の斎藤一人さんが、日本ではじめて養鶏場をはじめた人の話をされていました。ニワトリをたくさん飼っていたその人は、ある日、ビジネスを思いついたといいます。

「そうだ！　養鶏場をビジネスにしよう！」

そして、ニワトリを小屋に入れて飼うことにしたのですが、小屋に入れた翌日から、ニワトリたちがまったく卵を産まなくなってしまったらしいのです。

きっと、今まで自然のなかで自由にのびのび育っていたから、小屋に入れたことで、環境の変化のストレスを感じたりしたのでしょうね。

でも、その養鶏場の人は「あること」を思いついて実行すると、ニワトリがとたんに卵を産み出したといいます。

その「あること」というのは、ズバリ「生まれる前から小屋に入れておく」ということ。生まれたときから小屋に入っているニワトリは、何の問題もなく卵を産んだというのです。

たしかに、生まれたときから小屋の中という環境にいたら、それが自然なことだから「当たり前」になりますよね。今の自分の状態を疑いもしないし、ストレスにも感じない。

「なるほどなあ」とうなずきながら、僕はこの「当たり前」は、人間にもすっぽり当てはまっていて、知らないうちに僕らも、養鶏場のニワトリよろしく〝小屋〟の中で生活していることってあるよな、と思ったのでした。

・社会人として名刺を持つのが当たり前
・会社の飲み会は出るのが当たり前
・みんなと同じようにするのが当たり前
・お金は労働時間に対してもらうのが当たり前
・高校くらい行くのが当たり前
・結婚するのは当たり前
・自分よりも子どもを優先するのが当たり前

ニワトリが最初から小屋の中にいたらストレスを感じないのと同じで、僕らはそれらが「当たり前」だと思っていると、そうすることに対して何の疑いもないわけです。

でも、ニワトリがもし外の世界を知って、自由に原っぱを駆け回れることに気づいたら？ 小屋の中で過ごしていた「当たり前」から抜け出したいと思うニワトリだって、きっといると思うのです。

そう、人だって同じ。

人生を変えたいと思うとき、目の前にチャンスが広がっているとき、あなたには小屋の外が見えはじめている。

とはいえ、小屋の中にいるのが「当たり前」になっているあなたにとって、小屋の外に出るのはちょっと怖いですよね。だけど、外があるのを知ってしまったら、留まるのは苦しくなる。

でもね、ニワトリと違うのは、あなたが入っている小屋には鍵はかかっていないということ。だから、あなたが苦しくなるような「当たり前」の小屋からは、自分のその足で出ることができるのです。

——どうやったら手放せるのか？

——どうやったら小屋の外に出られるのか？

一番簡単で、もっとも効果の高い方法は、あなたが心地よい状態、なりたい状態が「当たり前」だと思っている人に触れるということです。あなたがやったことのないことが当たり前になってしまっている人に会いに行きましょう。

- **・「みんなやっているから」じゃなくて「自分だから」を優先している人**
- **・少ない労働時間で鬼のように稼いでいる人**
- **・中卒でもなーんかやたら楽しく幸せに生きている人（笑）**

そんな人たちの「当たり前」に触れることをおすすめします。

「自分が得たい結果やほしい状態が当たり前」の環境にいると、自分も徐々にそれが「当たり前」になるものなのです。

あなたがとらわれてきた「当たり前」があるとすれば、それは、あなたの生まれた家、生育歴のなかで培われたものです。それが、大人になったあなたに必要でないものなら、それをぶち壊してくれる人に触れてみてください。

そして、ニワトリ小屋から出て、広い原っぱに出るのです。「新しい当たり前」はそこにあるのだから。

変わりたいのに変われない人の9割が実家暮らしをしていた⁉

僕がコンサルティングをしたクライアントさんのなかには、変わる人もいれば、変わらない人もいます。

実は僕、「人生は絶対に変化しなくてはならない」とは思っていないんです。

ただし、本人は望んでいるのにもかかわらず、人生が変わらないと感じる場合、変わったほうがいいですよね。「でも変わらない」「変われない」というとき、その人たちには「ある共通点」があることに気づきました。

それは「変わりたいのに変わらない人」の多くが、「実家暮らし」をしているとい

うこと。

人は、「変わらなくてもなんとかなる」という状況よりも、「変わらないと大変なことになる」という環境のほうが、能力を発揮して、人生を変えることができます。

人生を変えていくものは、「意識」と「環境」と両方があります。

どちらが大きく作用するかはそのときによって違いますが、実家というのは「働かなくてもよかった自分」がいた場所。どうしても、当時の意識に引っ張られてしまうようなのです。

個人差はあるかもしれませんが、「実家モード」って、ありませんか？　僕はあります。

だから、社会に出て自分のなかでいろいろと変化が起こっても、実家に1か月も帰れば、完全に社会に出る前のお気楽モードに戻ったりする。

実家にいるといい意味でも悪い意味でも、過去の意識に引っ張られるし、「変わらなくっても生活できる」環境にいる限り、当然、変化は起こりにくくなります。

だから、本を読んだりセミナーに参加したりして大きな気づきがあったりして、自分のなかで人生がガラリと変わったつもりになっても、その足で実家に帰ると、元の意識に引っ張られてしまって、一瞬で元どおり……、というのは、本人の意志が弱いということ以上に、環境が作用していることもあるのです。

だから、もし、あなたが人生に劇的な変化を望んでいるのであれば、環境を変えずに変わろうと思っても、かなり難しい。

僕は「変わりたいのに変われない」という人で実家暮らしをしている人には、まず真っ先に実家を出て、環境を変えることを勧めています。

また、これは、実家だけでなくとも、パワハラを受けている会社に留まりつづけたり、DV夫から逃げ出せなかったりという場合も同じことがいえます。

反射的に「力のない自分」になってしまう場所。意識を変えるには、その対象から「物理的に離れる」ことが大切なのです。

もちろん、DVやパワハラなどの場合は自分の力だけでは難しい場合もあります。

その場合は、専門家の力を借りてでも、対象から距離を置くことを勧めます。

親の期待は「ブサメンからのラブレター」程度に受け取れ

僕は大分に住む両親と、ときおりＬＩＮＥ通話をします。僕の両親に孫であるオチビッタをたまには見せてあげたいと思ってのことです。

最初は「ちょっとは喜ぶかな～」くらいの感じで電話をしたのですが、僕の予想以上に両親が喜んで、僕も普段見ないような笑顔でオチビッタに話しかけていました。母は喜びそうだと最初から思っていましたが、父がうれしそうだったのがとても印象的でした。

僕は小さいころから病気や怪我が多くて、中学卒業後に高校に行かず、若いうちから家を出ていたので、親にとてもとても心配をかけて生きてきました。僕にとってはどこかそれが心のひっかかりになっていて、大人になってからはなんとか「恩返し」をしたいと思いました。

特に20代前半はそれが大きなモチベーションとなってがむしゃらに働きましたが、

20代中盤のときに、思っていたよりも親孝行ができていない自分に向き合うことになりました。それは自分にとって本当に情けない現実でした。

親にさんざん迷惑をかけたのに、親にこれほど好き勝手させてもらっているのに、全然親孝行できていない。全然恩返しできていない。

テレビを見ていても、同年代で活躍する人を見て「なんで自分はそうなれていないんだろう。親にこれだけ迷惑かけて生きてきたのに」と自分と比較して落ち込みました。

迷惑をかけながらも、期待してくれる親の思いに応えられていないという罪悪感から、親ともうまく話せなくなっていました。

あるとき、そんな状況にもう耐えられなくなって、僕は泣きながら両親に謝ったことがありました。

「もっと恩返ししたいんだけどできなくてごめん。こんなショボいヤツになってしまって、ごめんね」

すると、親も泣き出して、

「あんたにもっと選択肢を与えてあげられるようにしたかったけどできなかった。それなのに、本当にいい子に育ってくれてありがとう」

そう言ってくれたのです。

両親のこの言葉は、僕にとって衝撃でした。「親孝行しなければならない」という思いにとらわれて苦しくなっていた僕でしたが、親はそんなこと、特段望んでいなかったのです。そして、僕は僕という存在を受け入れられている。そのままの僕で存在していいのだと知り、心から安堵したのです。

それからの僕は、僕を取り囲む「世界に対する安心感」がガラリと変わりました。いつのまにか「成功して、絶対に親孝行しよう!」という固執するような気持ちはなくなりました。

そして不思議なことに、それからのほうが、事業もうまく運び、誰かに応援していただく場面も増え、当時と比べると圧倒的に親孝行できています。

もしもあなたが**「親の期待に応えなくては」「親の期待に応えられていない」と思っている自分をまだ抱えているのだとしたら、僕は、その思いを一度、親に言ってみること**をおすすめします。

それは、親を責めるのではなく、自分を責めるのでもなく、ただ、蓋をした気持ちを表に出すということ。

「ちょっと、伝えたいことがあるんだ。なかなか言えなかったことなんだけど、それによって何かしてもらいたいわけではなくて、ただ、聞いてほしい」

ただ、伝えてみることで、抱えている「期待に応えられない」という悲しみに光を当ててあげてほしいのです。

もしも親が受け止めてくれなかったとしても、伝えられただけで十分。

その思いを表に出しても世界は安全なのだと、実感することができるはずです。

捨てる練習
その4

自分にふさわしくないなら
さっさと手放す

「みんなに好かれたい」は不幸直結のマンホール

僕は、経営者として、コンサルタントとして、たくさんの人を見てきました。中小企業経営者から、士業の方々、コンサルタント、カウンセラー……。さまざまな業種も職種も違う方々を見て感じたことは「世の中にはうまくいく方法が、本当にたくさんあるなあ」ということでした。

自分のオリジナルでうまくいった人もいれば、
人の真似をしてうまくいった人もいる。
好きなことをやってうまくいった人もいれば、
得意なことをやってうまくいった人もいる。
高学歴でうまくいった人もいれば、
低学歴でうまくいった人もいる。
きっちり戦略を立ててうまくいった人もいれば、
流れに身を任せてうまくいった人もいる。

誠実で真面目なすばらしい人柄でうまくいった人もいれば、
マジでクソみたいなヤツでもうまくいっている人もいる。

つくづく、「うまくいく方法って、いっぱいあるなぁ」ということを、身をもって知りました。

でも、同時に僕は気づいたのです。

「これだけは、絶対にうまくいかない」
という方法が、この世には1つだけあることに。
そのたった1つの、「確実に失敗する方法」——。

それは、「完璧主義」です。

完璧主義者で、物事がうまくいった人を、僕は今まで1人たりとも見たことがありません。そう、僕が調べた限りでは、完璧主義者は絶対に成功しないのです。

当然、ビジネスでも人間関係でも「完璧」を求めようとする人には、それを指摘し、完璧を求めないようにアドバイスするわけですが、なぜ、完璧主義が確実に失敗する方法なのかというと――それは〝無理〟だからです。

人間は「完璧にできないようにできている」のです。

そもそも完璧っていう不可能なことを目指しているから、一歩踏み出すことすら難しい。さらに潜在的には「たどりつけないゴール」を目標にしているので、自分の能力も他人の能力も生かすことができないのです。

たとえば、これも完璧主義の1つですが、「すべての人に好かれなくては」と思っている人がいます。

「みんなに好かれたい！」という気持ちは、ある意味自然な感情だと思うのですが、これを人間関係やビジネスでやると、ほぼうまくいきません。

なぜなら、すべての人に好かれるサービスというのは存在しないから。すべての人に好かれる人なんて存在しないから。
これは、70億人すべての人が「おいしい！」となる料理が存在しないのと一緒です。

どんなにおいしいA5ランクの肉だって、
お肉が嫌いな人には好かれない。
どんなにおいしいお寿司でも、
生魚が嫌いな人には好かれない。

むしろ、好かれようとするために頑張るほど意味のないことってありません。

・お肉屋だったら、お肉が好きな人に好かれればいい
・お寿司屋だったら、お寿司が好きな人に好かれればいい
・あなただったら、あなたのことが好きな人に好かれればいい

だって、焼肉屋に来て「私お肉嫌いだわ〜」とか言っているヤツがいたら、「じゃー来んなよ」って思いませんか？　そこで、その人を満足させようと「肉が嫌いな人に好かれる焼肉屋」を目指すのはダメだということは、容易に想像がつくでしょう。そんなことをしたら今度は肉好きな人から嫌われますから。

でも、焼肉屋さんのたとえなら笑ってうなずいている人も、自分のサービスや商品になると、そこをはき違えている人は多いんです。

・あなたがすべての人に好かれるということはないし、好かれなくていい
・あなたのサービスがすべての人に喜ばれることはないし、喜ばれなくていい

そうやって考えると、ビジネスですべての人に満足してもらうようなサービスを目指すということは「確実に失敗する方法」だとわかりますよね。

もし、あなたが婚活をしているのであれば、すべての男性（女性）に好かれようとするのは「確実に失敗する方法」だとわかりますよね。

わざわざ失敗する方法を選ぶことはありません。

完璧はいらないし、そもそもありえない。
自分のことを好きでいてくれる人で、まわりを固めていいのです。

収入を「時給」で考えない

もし、あなたが金銭的に豊かになりたいのであれば、
もし、あなたが収入を一気に上げたいのであれば、

「お金の時給制から抜ける」
ということが必要な時期かもしれません。

お金を時給制でもらっているという感覚をもっている以上、金銭的な豊かさには限界があります。

・収入=労働時間

という公式が自分のなかでできあがっていると、きっと豊かさを感じることはないでしょう。

なぜなら、働ける時間には限りがあるからです。

たとえば、月20万円稼いでいる人と、月200万円稼いでいる人がいたとして、月に200万円稼いでいる人が、月に20万稼いでいる人の10倍の時間働いたり、努力していたりするかというと、そんなことはないし、まず無理でしょう?

むしろ、月20万円の人のほうが、月200万円の人よりも働いているケースのほうが多いと思います。

ではどうやって時給制の人生から降りればよいかというと、最初はこのように考えてみてほしいのです。

「収入=あなたの働いている時間の対価」

ではなくて、

あなたが世の中に与えている価値であり、

あなたが人々から感謝された量。

時間を売るのではなく、自分自身の価値を売ること。

お金をいただくのは、世の中に感謝された印。


これを意識するだけでも、お金に対する価値観が変わってきます。

仕事の価値観も変わってくるでしょう。


「自分はサラリーマンだから、仕事したってしなくったたって固定給だし、そもそも人に感謝されることとなんてないし」

と思う人がいたら、これ、大きな間違いです。

どんな仕事でも、必要とされているから存在しています。どんな仕事でも、それによって助かる人がいたり、喜ぶ人がいたりするのです。

あなたが仕事でお金を受け取っているということは、必ず誰かに感謝されているのです。もちろん、それが目に見えてわかりづらい仕事もあるかもしれませんが、一度、自分の仕事がいったい誰の役に立っていて、誰が喜んでいて、誰の助けになっているのかを考えてみてください。そうすると、ただ、自分の時間を切り売りしているのだという時給制の感覚から脱出することができます。**そして「お金は誰かを喜ばせた対価」という感覚で仕事をしている人には、お金が寄ってきます。**

なぜなら、「自分がやったことが誰かの役に立っている、感謝されている」と思っている人は、自分は感謝されたうえにお金をいただいているという感覚になり、自己肯定感がグッと上がります。仕事をしているとき、喜びと誇りを手にして、それが自然と顔にも表れ、仕事はどんどんうまくいくようになるでしょう。

固定給をもらっているサラリーマンだったとしても、いつのまにか昇給して、いつのまにかヘッドハンティングされて、いつのまにか独立して、今までとは比較にならないほどの「感謝の対価」を得るようになるでしょう。

「もっと稼ぐには？」という問いへの答えで見えてくること

僕はたくさんの人たちの稼ぎ方を見るうちに、稼いでいる人も、その稼ぎ方は人によって全然違うんだな、と感じました。

それは「お金を稼ぐ」ということをどうとらえているかで、まったく違うものになるのです。

今、苦しんでお金を稼いでいる人は、もっと稼ぐには、

今よりも、もっと苦しまないといけないと思っています。

今、自分を犠牲にしてお金を稼いでいる人は、もっと稼ぐには、

今よりも、もっともっと自分を犠牲にしないといけないと思っている。

今、やりたくないことをやってお金を稼いでいる人は、もっと稼ぐには、

今よりも、もっとやりたくないことをすればいいと思っている。

今、大好きなことをやってお金を稼いでいる人は、もっと稼ぐには、

今よりも、もっと大好きなことをすればいいと思っている。

そして、今、自分1人で頑張って働いている人は、もっと稼ぐには、

今よりも、もっと自分が頑張ればいいと思っている。

今、人に助けてもらいながら稼いでいる人は、もっと稼ぐには、

今よりも、もっと多くの人に助けてもらえばいいと思っている。

そう、同じ「もっとお金を稼ぐには？」という問いに、人によってまったくその答えが違うのです。

多くの場合、「今までの自分の受け取り方（稼ぎ方）」の延長線上で「お金を稼ぐ」前提が決まっています。

さて、あなたはどうでしょう。

今あなたは、「お金を稼ぐ」をどのようにとらえていますか？

お金を稼ぐ方法に、ポジティブな印象をもっている人は、もっと稼いだら、もっとポジティブが広がっていくイメージをもっています。

お金を稼ぐ方法と聞いて、ネガティブな印象が浮かぶなら、もっと稼いだら、もっとネガティブが広がっていく感じがしてしまって、知らないうちに「稼ぐ」ことにブレーキをかけてしまっていることだってあるのです。

CHAPTER

2

あなたの「ほしいもの」を知る練習

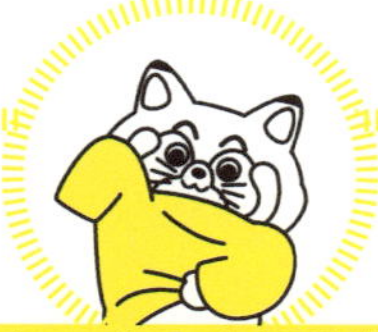

ほしいものを知る練習

その1

ほしいもの、ちゃんとわかってる？

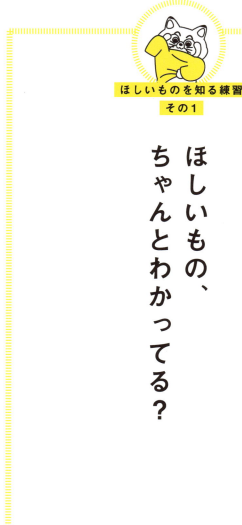

人は「〇〇じゃないもの」をイメージできない

もしもあなたの友人が、

「ねえねえ、私さ、ラーメンじゃないものが食べたいんだよね〜」

と言ってきたらどうしますか？

きっと、どうしていいのかわかりませんよね。僕だってわかりません。

僕たち人間は、「〇〇じゃない何か」と言われても、それについて「イメージすることができない」ようにできています。

実際に「ラーメンじゃない何かが食べたいんだよね〜〜」って言っている友人はあなたのまわりにいないかもしれないけれど、こんなセリフ、聞いたことありませんか？

「不安じゃない毎日がほしい」

「苦しくない状態になりたい」

「今とは違う環境でやり直したい」

これって「ラーメンじゃない何かを食べたい」と言っているのと同じです。言った本人も、言われた相手も、どちらもそれについてイメージすることはできません。一緒に考えてあげることもできません。だって、相談した本人が「どうしたいのかわからない」から。

じゃあ、どうすればいいか？

答えは簡単、「目的」を明確にすればいいのです。

「ラーメンじゃなくて寿司が食べたい」と言ってもらえたら、「じゃあ、お寿司屋さん行こうか」ってなりますよね。

「カレーが食べたい」だったら、「あそこにスリランカカレーのお店できたみたいよ」ってなるし、「ジョエル・ロブションでフルコースが食べたい」だったら、「とりあえずバイトしよっか」ってなる。

つまり、「目的が明確」になれば、それをイメージし、思考できるのです。

だから、あなたがやるべきことは「望んでいる目的を明確にすること」。

「○○じゃない状態になりたい」ではなくて「どんな状態になりたいのか？」。

これが明確になれば、「じゃ、○○しよっか」みたいに「思考することができる」のです。

もしもあなたが今、

・どうにもこうにも頭が働いていないような気がする
・考えられない
・どうしていいのかわからない

という状態に陥っているのなら、まず、何よりも真っ先に、自分の発言や頭の中をチェックしてみることをおすすめします。

「ねえねえ、私ってラーメンじゃない何かが食べたいんだよね～」

という状態に陥っていないかどうか、自分に確認してみてください。

ほしいもののドアをちゃんとノックしてる？

現状を変えたい、今のこの人生を変えたい。そう思うなら、思っているだけではダメで、行動を変えていくことが必要。

それはわかっていて、行動を変えているのに何も変化が起きない。というとき、確認してほしいことがあります。

それは、「ちゃんと、自分がほしいもののドアの前に立って、ノックしていますか？」ということ。

自分が意図していることと行動がミスマッチだと、自分が望むような変化が起こりません。

たとえば、野球をやるにしても、

・楽しく体づくりをするために野球をやるのか
・チーム内で一番うまい人になるのか
・甲子園に出場する人になるのか
・甲子園で優勝する人になるのか
・プロ野球選手になるのか
・メジャーリーガーになるのか

自分がどこを目指しているかで、練習方法や練習の質がまったく違うものになります。「野球を体力づくりとして楽しみたい人」と「メジャーリーガーになる人」とでは、練習方法がまったく違うのは当然のこと。

行動しているのにどうもうまくいかない、というときは、そんなミスマッチが自分のなかで起きている可能性があります。さらに、そのミスマッチはなかなか自分で気づきにくいものです。

だから、今、自分がノックしているドアが、本当に自分が進みたい方向のドアなのかどうかは、定期的にチェックしてみたほうがいい。

たとえば、将来的には大企業相手にコンサルティングをしたい、という目標があるならば、中小企業をお客さんとしてコンサルティングする技術をいくら磨いたところで、大企業のお客さんは獲得できません。

今あなたがノックしようとするそのドアが、本当に自分が目的とするものに通じているのかどうか。そこを本質的に見なくてはならないのです。

自分を後回しにしがちな人が、何より先にやるべきこと

さあ、ほしいものをなんでも買ってください！　と誰かにもし言われたとして、あなたは「これ！」と即買いできますか？

もしもあなたが「自分に与えるのが苦手ないい子ちゃん」だとしたら、自分がほしいもの1つ買うのにも苦悩しているのではないでしょうか？

たとえば「このジャケットほしい！」と思ったとしても、「ただ自分がほしいだけ」という理由で買うのに抵抗感を感じたり、とても疲れているからマッサージに行こう

としても「こんなところにお金を使うなんて」とあきらめてしまったり。

でも、そんな人って意外と、「他人のため」なら、大盤振る舞いで動けることが多いのです。誰かが喜ぶことに手間ひまかけてあげられる。でも、自分だけのためとなると突然、「まぁ、しなくてもいっか」「もっと大事なところでお金は使おう」となってしまう傾向があります。

僕にいわせれば、あなたが何よりも優先して、いの一番に喜ばせなければならない相手は、大切なパートナーでも、親でも子どもでもなく、あなた自身です。

だって、あなたがあなた自身を喜ばせ、愛を注いではじめて、本当の意味で周囲に愛を向けることができるから。だから、あなたは、あなたを取り囲むたくさんの人のためにも、あなた自身に手をかけ、与え、愛情を注がなくてはなりません。

ささやかな「あれがほしい」「こうしたい」という自分の欲望を成就させてあげるのは、「自分への最大限の愛」なのです。

自分に与えるのが苦手な人が「自分に与えやすくなるコツ」があります。

それは、「何かをほしいと思う気持ち」を擬人化すること。

たとえば、あなたが「このジャケットほしい!!」と思ったとしたら、まず、その「ジャケットほしい〜〜!!」という気持ちを「擬人化」するのです。

たとえばその気持ちに「ジャケットちゃん」とか名前をつける。

そして、自分を喜ばせるのではなくて、「自分のなかにいるジャケットをほしがっている気持ち、『ジャケットちゃん』を喜ばせるためにはどうしようか」と考える。

「ジャケットちゃんが喜んでくれるにはどうしたらいい？」

「どうやったらジャケットちゃん、笑顔になってくれるだろう」

そう考えると、とたんに、ジャケットを買うことにOKを出しやすくなります。

そして、実際にジャケットを買って、自分のなかの「ジャケットちゃん」がご機嫌になっているのを感じることができると、罪悪感どころか、大きな充実感に満たされるはずです。

だから、もしもあなたが「自分のために○○したい。でも抵抗がある」って感じるときには、

1　その○○したい気持ちを擬人化して名前をつけてみる

2　その擬人化した人を喜ばせるためにやってみる

3　成就できた喜びを感じる

この3ステップを試してみること。そうすると「自分のためにお金を使う」ことに対する罪悪感を減らすことができ、だんだんと自分を喜ばせることにも慣れてきます。

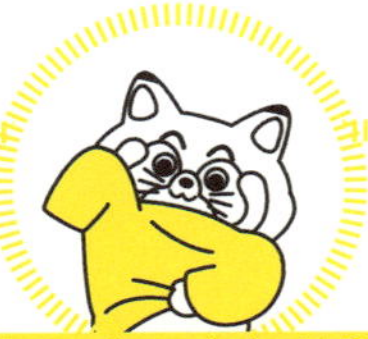

ほしいものを知る練習

その2

ほしいものは最短距離で手に入れる

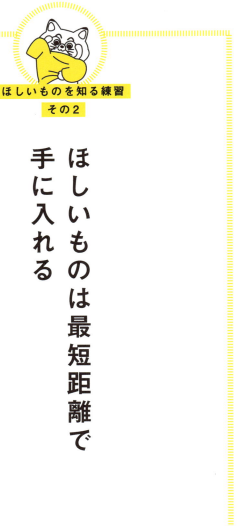

人生はカンニングOK！
結果を出している人に教えてもらえ

自分がほしいもの。それが明確であれば、実はそこからの達成への道はもう一直線です。せっかくだから最短距離で行きましょう。

最短距離を見つける方法はズバリ、

「自分がほしい結果をすでに達成している人に教えてもらうこと」

です。

僕は義務教育を終えたのち、高校に行かずパチンコ店に入り浸るようになりました。「服装と髪型も自由だし、儲《もう》かりそう」という理由でパチンコで生計を立てようと思ったとき、僕にはパチンコに関する知識も経験もありませんでした。

そんなまったくの素人だった僕が、なぜパチプロとして多いときには月に200万円も稼げるようになったかというと、そのきっかけは、パチンコ店にいる人や台を徹底的に観察したことがはじまりでした。

なにせ、中卒の無職。時間だけはやたらめったらあった僕は、「プロはどんな台を選んでいるんだろう？」と、勝っている人をずっと観察していました。

そこに、いつもいつも勝っている1人のおじさんがいることに、あるとき僕は気づきました。

毎日観察し、毎日顔を合わせ、軽く挨拶を交わすような間柄になったころ、僕は勇気を出してその人に話しかけました（それが、先にお伝えした僕の最初のメンターでした）。

「入ってますか？」「うん、入ってるね。入ってる？」「ええ、入ってますね」と、2台並んだ〝出る台〟で〝パチンコ用語〟を交わしたのが最初だったと思います。そのうち、おじちゃんは、タバコをふかしながら、勝つ方法を僕に教えてくれるようになったのです。

プロはまず、勝てる台が設定されている店を選び、勝てるまで打つのが定石だということ。パチンコは統計学だから、勝てる台では長い目で見れば必ず勝てるようにできていること。理論上勝てる台かどうかの判断は、一定の時間打ちつづけることで見きわめ、勝てる台とわかれば、その台を離れず閉店までトイレの時間も惜しんで打ちつづけること。

当時、多いときではおそらく月収400万円ほど勝っていたと見える、プロ中のプロからパチンコの極意を教えてもらいながら、僕は寝る間も惜しんで、研究を続けました。今日打った台の記録から、他店の状況をリサーチしたり、雑誌などの情報を集めたり。

教えを忠実に守りながら、研究を重ねること約半年。気づくと僕は、驚くほどすんなり勝てるようになったのです。

メンターのおじさんの言うことをきちんと聞いて、そのとおりやった。それで、月にこんなに稼げるようになった。

やってみれば、「え？　こんな簡単なの？」というくらい。正直いってそんな感じでした。でも、同時に、強烈な疑問も生まれたのです。

なぜ、パチンコ歴半年の僕が勝てて、パチンコ歴30年の人が負けるのだろう？

その答えは簡単でした。「勝つ方法を知らないから」。ただ、それだけでした。

そして、僕が「勝つ方法」を知っていたのは、単純に「勝つ方法を知っている人に教えてもらったから」でした。

「誰から教えてもらうか」で、結果はこんなにも違うものになってしまうのか。

それにはたと気づいたときの衝撃は忘れられません。

はじめてパチンコを打つときってほとんどが、自分の先輩や知り合いのおっちゃん、友達のお兄ちゃんに教えてもらうことが多いですよね。

娯楽でやる人が多いから、自分が望むような結果を出している人、圧倒的な結果を出している人から「意識的」に教えてもらう人は少数派でしょう。

でも、「勝っている人」と「負けている人」の「差」って、「知っているか知らないか」だけ。

パチンコの話だから、特殊な話に思えるかもしれませんが、これは非常にシンプルだけど、どんなことにも通じていると思います。

自分がほしい結果をすでに出している人に教えてもらう。
これが、何か成果を出そうと思ったときの第一優先事項。

僕は、タバコの煙とパチンコ玉の騒音にまみれながら、人生で大切なことを教えてもらったのだと思います。

のんびりしながらほしいものを得る秘訣

せっかくパチンコの話をしたので、もう1つだけ、パチンコを例にほしいものを手に入れる秘訣《ひけつ》をお伝えしようと思います。

パチンコをまったくやらない人はわからないと思いますが、パチンコで勝つのに一番大事なことって実は、

「技術」でもなくて、

「台選び」でもなくて、
「お店選び」です。

パチンコには勝つ台、負ける台というのがあって、それはお店側が設定するので、勝てる台を見極めることが必須なのですが、実は、そもそも「勝てる台」をまったく置いていない店も存在します。そんななかでどれだけ台を選ぼうが、どれだけ技術があろうが勝てないんです。

当然、プロはそれを熟知しているので、客側が勝てる台を多く置いている「優良店」や新装開店などの「激熱イベント」に群がります。開店前の行列って、そうやってできたりするのです。

「じゃあ、勝てる台が多いお店に行ったらいいじゃん」と思うかもしれません。でもそれは当然、どのプロも考えること。勝てる台の多い店には、必然的にレベルの高いプロが集まります。

これを、飲食店でたとえると、お店を人口の多い地域で出したほうがいいけど、その分ライバルも多いし、家賃も高くなるようなもの。勝てる台が多い店には、勉強熱心なプロが集まり、勝てる台を取り合うことになります（ですから、素人の人がテキトーに打って勝ちつづけるなんて、長期的に見たらほぼ不可能というわけ。だって、プロが必ず勝てる方法をひっさげて、その店に勝ちにきているわけだから）。

とはいえ、同じ「パチプロ」のなかでも、

月収20万円の人
月収50万円の人
月収１００万円を超える人
がいます。

面白いことに、この人たちの「知識」や「実力」にはまったく差がありません。
じゃあ、何が違うのかというと**「めちゃくちゃ勝っている人ほどバカでも勝てるようなお店をチョイスしている」**ということなんです。
そう、ほかのプロがやってこないような、ど田舎《いなか》の店で打っている。だから、プロのなかでもレベルの高い人は朝一の開店の抽選に朝早く並んだりしないし、ちょっと寝坊くらいでお店に行ってゆうゆうと打っています。

さらに、本当に勝っている人って、まわりの人からはパチプロだとも思われないように打っています。勝ちすぎると、店側に素性がばれて、台を調整されてしまうからです。勝ちすぎないよう調節をしながら、上手に打っているのです。

これは、経営者の世界でも同じことがいえるような気がします。

忙しく働いている人も、そこそこ儲けている人はたくさんいます。

「本当に稼いでいる人」は、のんびりしているのに「気絶するほど儲けて」いたりするものです。

それを知ってから僕は速攻で店の選び方を変えました。ど田舎の、そもそもプロなんていなさそうな、でも勝つ台が設定されている店で打つようになりました。当然、プロは僕だけで、あとは素人の皆さん。そのお店に1台しか「勝てる台」がなかったとしても「確実に自分がそれを取れるようなお店」に行けば、絶対に勝てるわけです。

・魚はいっぱいいるけど「魚の数以上にライバルがいるところ」で釣りをするか

・魚は少ないけど、「自分以外に釣っている人がいないような自分が確実に釣れるようなところ」で釣りをするか

パチンコ台で学んだこの考え方が、経営の分野では「ブルーオーシャン戦略」と呼ばれることを、僕はずいぶん後から知ったわけです。

ほしいものを知る練習

その3

あなたの土俵は
どこですか？

自分の土俵でだけ戦えばいい

10代のころに出会ったビジネスのメンターは、僕と同じ地元で複数の企業を経営し大成功している20代の社長でした。彼は僕によくこんなことを言っていました。

「人の能力なんてほとんど差はない。ただ、どこにフォーカスしているかで得る結果は全然違ってくるんだよ」

聞いた当時はピンときませんでしたが、それから数年後、僕はなるほどそのとおりだな、としみじみ思い至ることになりました。

その数年間、僕はとにかく会社を軌道に乗せて、お金を稼ぐこと、売り上げを上げることだけにフォーカスしていましたが、実際にそのとおり、売り上げは上がり、経営も順調。一方で、まったく無頓着だった、たとえば恋人をつくるとか、交友関係を広げるとか、そういったことは、さほどうまくいっていませんでした。

なるほど、これこそ彼が言っていた「能力の差ではなくて、何にフォーカスするか」そのもの。その人の「最優先事項」って、ちゃんとうまく運ぶようにできているのかもな、と思ったものです。

フォーカスを強めると、人生は加速します。それは、太陽光を虫眼鏡で集めるようなもの。虫眼鏡に太陽光を当てること、そして、当てつづけることで、太陽のエネルギーは炎すら生み出します。

それと同じで、**フォーカスすることと、フォーカスしつづけること。その両方があれば、人生もその結果がまったく違ったものになるのです。**

フォーカスとは、焦点を絞ること。焦点を定めることです。フォーカスするときのコツは、「何をやるのか?」を考えるのももちろん大事だけど、それ以上に「何をやらないのか?」を決めること。

「成功」や「成果」を求めようとするときには、「何をやるべきか」を考える。一方で、「自分とはなんぞや」とか「幸せ」を求めようとするときには、やるべきことではなくて「やらないこと」を決めることが肝です。

消去法という手法もあるとおり、そもそも、やらないことを先に決めることは、焦点を絞るにも効率がいい。

でも、優秀な人ほど実はそれが難しいものです。なぜなら、優秀な人は、できちゃうことが多いから。いろいろ何でもできすぎるがゆえに、「自分はこれをやらない」

と手放すのが難しいのでしょう。

手放せずに「何をやらないのか？」を決めないとどうなると思いますか。

恐ろしいことに「劣等感を感じまくる人生」になります。

だって、よく考えてみてください。

イチロー選手が、野球して、サッカーもして、大学教授もして、野菜ソムリエもしていたら、野球が今のレベルまでいったかというと、さすがの彼でもたぶん無理ですよね。

ただ、あれほどセンスのある人だから、何をやらせても、ある程度のレベルになっている可能性はとても高いとは思います。でも、そんな彼でも、「すべてを手放せず、すべてが自分の土俵だ」と思っているとしたらどうでしょう。

誰かが野菜ソムリエのコンテストで優勝したら、それに対して「クソ！　オレのほうが！」って気持ちになるはず。誰かがサッカーで有名クラブに移籍したらそれに対して「クソ！　オレだって！」となる。

そう、自分の専門分野じゃないことまで、自分がそれができていないことがあたかもダメなことのように感じてしまうのです。

さすがのイチロー選手だって、きっと、それは疲れるはず。そして僕たちもそんなイチロー選手は見たくない。


さて、あなた自身を振り返ってみてどうでしょうか。

できることが多すぎて、土俵を増やしすぎて疲れていませんか？

商品を売る人が、商品が開発できないことで落ち込んでいませんか？

表現する人なのに、収入源が得られないことに、なんてダメなヤツなんだと卑下してしまってはいませんか？


それ、よその土俵におじゃましていませんか？

そこ、あなたの土俵ではないかもしれませんよ？


自分の土俵じゃないものは、それが土俵の人にやってもらえばいいんです。

今は、「自分らしく、個性を発揮する時代」といいますよね？　それって、「自分が一番能力を発揮できるのはどの土俵なのかを見極めること」がめちゃめちゃ大事な時代ってわけです。

「自分は何をやらないのか？」
「私の土俵はどこなのか？」

自分に質問してみてください。本領発揮できる土俵はどこなのかを知り、それ以外の土俵に寄り道することなく、自分の土俵でないところからはさっさと降りる。人の土俵まで、荒らさなくっていいのです。

自分の土俵を明確にすることは、つまり本当の「あなたらしさ」にフォーカスするということです。

あなたが武器にすべきは「あなたらしさ」。

あなたの「スキル」でも「経験」でも、「能力」でもなくて、「あなたらしさ」が、生きていくうえでの武器になるんです。
次の章では「あなたらしさで勝負する」という話をお伝えしたいと思います。

CHAPTER 3

「あなたらしさ」を武器にする

あなたらしさを武器にする練習

その1

スキルアップより大切なことがある

日本最高のギタリストが最も稼いでいるとは限らない

中学2年生のある日、僕は家で「ミュージックステーション」という音楽番組を見ていました。

そのときふと、「テレビに出ているこのギタリストよりも、きっと楽器屋さんの店長とかのほうが、よっぽどギターがうまいんだろうな〜」と思ったのです。

同時に、「でも、このテレビに出ている人のほうが、絶対に儲《もう》かっているよな〜」とも思いました。

翌日、僕は街の楽器屋さんに行き、聞いてみました。

「テレビに出ているような人よりギターがうまい人って、普通にいるの？」

その楽器屋のおっちゃんは、「めっちゃくちゃいるよー」と教えてくれました。それは、「技術が高い順に収入が高いわけではない」「技術と収入はあまり比例しない」という世の中のしくみを1つ知った瞬間でした。

実際に、

・ギタリストは、ギターのうまい順に収入が高いわけじゃない
・歌手でも、音程を外さない順に収入が高いわけではない
・料理人でも、料理の腕の順位で収入が決まるわけではない
・カウンセリングの技術が高い順に収入が高いわけではない
・学歴が高い順に収入が高いわけではない

たしかにそうですよね。技術や能力と収入は、直結しているわけではない。

でも、大人になって周囲を見渡すと、「自分の専門分野のスキル」と「収入」を正比例で考えてしまう人は多いように思います。

「収入を上げたいから」という理由で、自分の専門分野のスキルを高めようと技術の向上に必死で、「オレのほうがスキルが高いのに、スキルのないアイツが儲かるなんて」とイラついている人もいますよね。

・自分のやりたいことだから
・自分がもっと探求したいことだから

・自分が目標にしていることだから

という理由で、「自分の専門分野のスキル」を高めるのはいいけれど、目的が「収入を上げるため」だと、話はまったく別になります。

・お金を稼ぐための技術を高めたり
・お金を稼ぐのが得意な人と組んだり
・お金を受け取る器を広げたり

と、「お金を稼ぐ」が目的なら、やるべきことは技術の向上ではなかったりするのです。スキルアップと稼ぐことは、直接は関係なかったりするのです。

スキルアップは1つの「逃げ」⁉

「スキルアップは逃げなんだよね」

僕の友人で実業家の本田晃一さんが、そんなことを言って、驚いたことがありました。

はじめ聞いたときには、「ニート」を自称する（?）本田さん、「スキルアップ」って言葉の意味を知らないんじゃないかなぁと思ったくらいです（笑）。

でも、よくよく話を聞いてみると、なるほどな、と考えさせられたのです。

「自分が興味があり、学びたいこと」「プロとしてやっていきたいこと」を極め、その専門分野のスキルを磨きつづけることは、ビジネスにおいては必須だし、自分の人生の喜びに直結することでもあります。

だから、その意味ではスキルアップすることはとてもすばらしいことですよね。

ただ、人はときどき、「もっとスキルを磨かないと認められない」とか、「もっとスキルを磨かないと愛されない」と思って必死にスキルアップをしようとすることもある。

つまり、そのままの自分から逃げている。

今のままでは幸せになれないと決めている。

本当は、そのままのあなたで十分に必要とされるのに、そのままの自分でいることが怖すぎて、受け入れられない。

だから、

・もっとスキルアップしないと認められないはずだ
・もっとスキルアップしないとダメなはずだ

と思い込もうとする。

スキルアップを主眼に置きすぎているとき、そのままの自分で受け入れられ、愛されることから逃げているケースが、けっこう多いというのです。

僕はこの話を聞いたとき、中2のときの、楽器屋での衝撃を思い出しました。

もちろん、スキルアップするのは大事です。ある一定のレベルまでいかないことにはビジネスになりません。**ただ、何かの分野でトップに立とう、人の何倍も稼ごうと**

するときには、技術的なところ以上に、その人自身がもっている価値、つまり「その人らしさ」で勝負するしかないにちがいない。

そのことを痛感したからです。

たぶん、お客さんは「ギターがうまい人」ではなくて、「○○さんというギタリスト」のギターの音色が聴きたいのでしょう。アイドルから「すばらしい歌」を聞きたいのではなくて、「○○ちゃんの笑顔」を見たいかもしれない。

そう、アーティストもアイドルも「ウリ」は歌唱力などの技術よりその人自身なのです。

あなたがどんなことを仕事にしていたとしても、そこで成果を上げようとするなら、もっとも大事なことは、「あなたから買いたい!!」「あなたに担当してほしい！」と思ってもらうことです。

それには、まず、「自分の価値を自分が認めてあげること」がスタートになります。

もしもあなたが「自分自身に価値がない」と感じているならば、あなたがどれだけ優れたサービスを提供していたとしても、あなたの提供しているサービスも価値がないもののようになってしまうでしょう。少なくともお客からはそう見えます。

逆に、まったく同じサービスを扱っていたとしても、あなたが自分の価値を心から認めていれば、たとえそれが強気な価格設定でも問題はありません。

そう、ビジネスは「何を提供するか」ではなく「誰が提供するか」でほぼ決まる。

「私らしさ」が手段になるのです。

あなたらしさを武器にする練習

その2

自分らしさを武器にしている人の共通項

人の話を聞かない

多くの経営者たちと接していて、大成功している人に共通しているなぁと思ったことがあります。

それは「人の話は聞かない」ということ。

いや、正しくは「クソバイスは華麗にスルーする」ということ。

成功している人たち、豊かで幸せに暮らしている人たちを観察していると、自分が話を聞く人をちゃんと選んでいることに気づきます。

誰の話は聞くべきで、誰の意見はスルーするべきか。それを明確にしているようなのです。

では具体的に、誰の話は聞くべきで、誰の指摘はスルーすべきか。

まず、もしあなたがビジネスをしているのであれば、あなたにお金を払っていない人の意見は、ほぼ無視していいと僕は思います。

赤の他人かもしれないし、家族かもしれないし、同業者かもしれないけど、求められてもないのに勝手に心配してアドバイスしてきたり、頼んでもいないのに上から目線で何かを言ってきたり、お金を払ってもないのに意見してきたりする人の意見を聞くのは、時間の無駄。

そんな人の話をいちいち素直に聞いていたら何もできなくなってしまいます。

あなたに対してお金を払っていない人の価値観に合わせても、その人がお客さんになるわけではありませんよね。

それよりも、実際にすでにあなたを評価してくれていたり、あなたに価値を感じてくれていたりする人の話に耳を傾けましょう。

人は考え方も好みも違い、さらにはその日の機嫌で言うことが変わりもします。

いろいろな意見を素直に聞けることも大事だと信じている人もいるでしょう。

素直さがよくないと言うつもりはないのですが、人は勝手に色々言うもの。人の意見って、聞いてしまうと、ついつい振り回されてしまうものです。でも、一番やってはいけないことって振り回されること。

だから、「聞いてもいない、頼んでもいない〝クソバイス〟は聞かない」と決めてしまうことが大事だと僕はそう思っているんです。

寿司職人はいい感じの寿司屋を設計できなくていい

もしもあなたが、自分が取り組んでいることに対して、

「なんか認められない」

「私ってダメだな」

「まだまだ、○○さんの足元にも及ばない」

……などと、ネガティブなことを感じているのだとしたら、ぜひ確認してみてほしいことがあります。

それって、「そもそも自分がやる必要がないこと」をやろうとしていませんか？

たとえば、寿司職人が「寿司は握れるんだけど、いい感じの寿司屋を設計することができないから自分は寿司職人としてまだまだっすよ」なんて言っていたら、「え？

そこやる必要ある？」って思いませんか？

こんな感じで「1人で全部やらないといけない」と思っている人が世の中には意外と多いのです。

職場には何をやらせてもそつなくできてしまうマルチプレイヤーがいますよ、という人もいるでしょう。でも、そんな彼らもすべてを自分でやっているわけではないはず。マルチに見えても自分でやらなくてもいいこと、たとえば事務処理は秘書やアシスタントに任せたり家事代行してもらったりすることで自分の得意分野をフルに活かしている人が多いはず。

それより大切なのは、あなたの人生の効率を上げること。とりあえず周囲のすごい人のことは見えないふりをして、自分のことに集中します。1人で全部できないのは当たり前、いやどんなに優秀な人でも1人でやれるのはほんのちょっとだけ。そう考えを切り替えると、不思議とパフォーマンスは上がります。

理想は、自分で「できないこと」「苦手なこと」は、誰かにやってもらって、自分が一番やるべきことややりたいことだけを自分でやる。それができたら一番です。

僕の経験上、困ったときに1人でなんとかしようとすることほど、うまくいかないことってありません。

ときおり「何でもできるんですね」と言われてご満悦な人がいるけれど、こういう人こそ要注意です。成功すればするほど、人に頼めなくなるし、そのうち体を壊して強制終了させられます。

長い目で見たときには、上手に他力を使って、誰かに花を持たせて、みんなで成功して、楽しくやっている人には到底かなわないんです。

何でも1人でやろうとして自分がやる必要がないことまで手を出して、人の仕事を奪っていませんか？

先の、他人の土俵の話と通じるところがありますが、苦手なことまで自分でやろうとして、時間を無駄にしてストレスをためていませんか？

- **人に頼ろう**
- **人にやってもらおう**
- **ときには人に迷惑をかけたっていい**

あなたができない分野、苦手な分野があるとすれば、そこを磁石として、誰かの力を借り、誰かとつながれます。

1人でできることは限られているけれど、誰かと一緒にやることは、予想以上の力を生むのです。

コンプレックスをまず笑い飛ばす

きっと、あなたは「短所は長所」という話を聞いたことがあるでしょう。

自分が欠点だと思っているところが、実は他人から見ると魅力的なポイントだということはよくある話ですよね。

モデルさんでも、「チャームポイントとされているところは自分のコンプレックスだった」というのはよくあるらしいのです。

僕も「学歴がない」は欠点だと思っていたのですが、そこを隠さないようにしてからのほうが、魅力を感じてくれる人が増えたように感じます。

そして、実はこれは、あなたの「商品」や「サービス」でもまったく同じことがいえるのです。

「あなたが提供している自分のサービスで欠点だと思っているポイント」

実はここが、強烈な「ウリ」になったりもするのです。

・飲むだけでやせる
・片手間でやせる
・着るだけでやせる
・装着するだけでやせる

そんな「ラクラクやせるよ〜」というのを最大のウリにしているダイエット業界に「やせるけど、鬼キツイよ」って、欠点を堂々と出したライザップは、強烈なインパクトを与えましたよね。

僕が小さいころに流れていた青汁のCMなんて「マズイ！」って言ってましたが、普通「マズイ」って隠したいはず。でもこれが売れた。

こんなふうに、ビジネスにおいてもあなたが自分のサービスの欠点と思っていると ころに魅力を感じる人がたくさんたくさんいるのです。

あなたのサービスも、あなた自身も、あなたが欠点だと思っているところが、一番の「ウリ」で最大の「魅力」になるものなのです。

とはいえ、コンプレックスをいきなり「ああ、これって私の魅力だわー」って思うのは難しい。そんな声をこれまでも何度も聞いてきました。

それならば、「魅力」とまでは思えなくても、まずはそれを「笑える」ようになるところからはじめてはどうでしょうか。

今から10年前、大分の田舎《いなか》で、僕は自分の人生を大きく変える「ある決断」をしました。

それは、「自分のコンプレックスを笑ってやる！」というもの。

僕のコンプレックスは、中卒で学歴がない、ということでした。

当時僕は、中卒だということを隠し、なるべく低学歴だとバレないように生きていました。

20代から会社を経営していたので、ときどき経営者が集まる会に顔を出すことがありましたが、そこでは必ずといっていいほど出身大学の話題になる。僕は大学どころか高校も行っていないから、その話題が大嫌いでした。

だから、「どこの大学出身？」という話題が出そうになると、忍者のようにその場から姿を消す技術が自然と身につきました。

「低学歴」は僕にとって一番の悩みで、人にバレたくないコンプレックスだったので、それを懸命に隠しながら生きていた。


そんなあるとき、僕のお店で働いていたパートのおばちゃんから、斎藤一人さんの講演会のＣＤを渡されたのです。

そのなかに、一人さんのこんな言葉がありました。

「優秀な人は中学まで行けば十分で、それでも足りなかった人たちが、補習みたいな感じで高校とか大学とかに行っているんだよ」

僕の記憶のなかの言葉なので曖昧《あいまい》ですが、そんな内容の話だったと思います。斎藤一人さん自身も中卒だそうですが、その言葉はもちろん、一人さんが冗談まじりに言ったのだと思うのですが、僕はその「冗談」を聞いたときに、「カッコいい！」と衝撃を受けたのです。

「僕が人生で一番悩んでいて、ひた隠しにしていることを、こんなふうにサラッと冗談として人前で言えるなんて!! 僕もそんな大人になりたい!!!」

と、強く強く思い、「よし、僕も自分のコンプレックスを笑ってやろう」と決めました。

今は完全に自分のことを笑えるようになったし、昔の僕にとっては人生の最大の悩みだった「低学歴」が、今ではまったく悩みではなくなっているし、むしろ「なんであんなに悩んでいたんだろう」と不思議に思うほど。

だからもしあなたが、何かしらのコンプレックスを抱えていて、それを魅力だと思えないとしたら、まずは「コンプレックスを笑ってみる」という方法があるということを知ってほしい。

たぶん、悩んで、ひた隠しにすることって、すごくエネルギーを使うことだと思うんです。

僕が低学歴であること自体は、変えたり、克服したりすることではなかった。だからこそ、そこに悩んでエネルギーを浪費することをやめようと決めた。なんなら、ひと笑いしてもらえたら儲けもん。

僕はそんなふうに決めたんです。

あなたらしさを武器にする練習
その3

「あなたらしさ」に降参せよ！

とりあえず「私はすごい」ってことにしておく

自分の恥ずかしい話ばかりさらけ出すようですが、昔、経営者として会社を拡大させようと頑張っていた時期、僕は、かなり「人目」を気にしていました。

学歴がないのをひた隠しにしようと必死だったことはお話ししたとおりですが、僕は「自分以外の誰か」になろうと一生懸命だったんですね。常に、人からどう見られているのかを気にしながら発言し、行動していました。

そんな僕の前提には、

・自分は間違っている
・自分はしょぼい
・自分ではダメ

というものがあったのでしょう。

自分が尊敬する人が言っていることや成功している人が語っている考え方を鵜呑《うの》み

にし、あたかも自分の考え方のように発言していました。
恐るべきことに、当時これを無意識でやっていたので、全部が受け売りだなんて、そのことに自分では気づきもしませんでした。

たくさんの情報に触れて学び尽くして、しまいに僕は、どれが本当の自分の考えなのかわからなくなりました。どれもすばらしい情報で、どの考え方も共感できる。だから余計に「本当のところ自分が何を考えているのか」がわからなくなっていったのです。

そうして僕は、世の中の多くの人がそこに至るように、「自分探しの旅」をはじめました。

自分らしさの欠片《かけら》もわからなかったし、何がやりたいのかもわからなくて、結局「自分探しの旅」のようなセミナーや本を読みあさりました。

少しずつ、感情や心のしくみ、人間存在について知り、学びを深めていくうちに、新たな知識に次々ととらわれ、結果、ますます迷宮入りしました。

どんどんドツボにはまる僕でしたが、ラッキーなことに、ふと我に返ると、僕のまわりには自分らしく成功している人たちがたくさんいました。

僕は必死に読んでいた本からふと目を上げるように、成功して幸せそうに生きる彼らをじっくり観察してみました。すると、**その人たちは、「そんなのでいいの??」と思うくらいに、のんびりしていて、自由で、身軽で、好き勝手していました。**

彼らの真似をしてみようと思い、できるだけのんびり、自由に、好き勝手してみるように心がけてみると、徐々に僕は変化していきました。

自分とは何だろう、と根を詰めて考えていたときとはまったく違い、まず「自分らしさ」を「ゆるく」「楽しく」とらえられるようになりました。

少しずつですが「なんて自分はダメなんだ」から「まぁ、この自分でいいんだな」という感覚になれたのです。

同時に、**自分を「探す」「見つける」のではなく「自覚する」**ことにフォーカスするようになりました。

自分が潜在的に望んでいるもの、内的な世界のしくみ、ビジョンと才能の関係性に焦点を当てつづけているうちに、メルマガを読んでもらえるようになったり、セミナーやコンサルティングにたくさんの方が来てくださったり、遠方からも駆けつけてくださるようにもなりました。
もちろん、ビジネスだけの話ではなく、人生の充実度も上がってきました。
・自分は何に幸せを感じるのか？
・自分は最終的に何を達成しようとしているのか？
・自分は自分を何者として定義しているのか？
以前は、まったく見えなかった自分自身のことがよく見えるようになりました。
結果、必死で得たものは、さほど役立たず、手放すことになりました。

「自分を探す系」の情報をシャットアウトすることで、
「自分が何者か」がわかるようになりました。
「ワクワクすること」を手放すことで、

「自分が本当にやりたいこと」がわかるようになりました。
「理想の自分」にとらわれないことで、
「自分の価値」を自覚することができるようになりました。

そして何より、自分の方向性がブレない「安心感」を手にすることができたのです。

「自分に降参しよう」

これは、僕がコンサルティングのなかで、いつも言っていることなのですが、この本を通じて、あなたに伝えたいのは「自分に降参する」ということの偉大さです。

「自分が思っているダメでどうしようもない自分」がいると同時に、そこには、「自分がダメではないと気づいたら、何でも達成してしまう偉大な自分」が、必ずいるのです。

その両方に降参して、「私は私だ」と自覚すると、あらゆることが変化してきます。

たとえば、あなたの収入が今よりもちょっと上がったとしても、あなたの変化としては、ちょっと胸元のアクセサリーが豪華になるくらいのものかもしれませんが、あなたがあなた自身に「降参」したら、あなたの人生は全然違ったものになる。

自分のダメさと偉大さに降参するために、するべきことがあります。

「ダメな自分を受け入れる」

と同時に、

「しょぼい自分でいることをあきらめ、羽ばたく自分になってしまえる自分を受け入れる」

ということ。

自分以外の人になろうとするのをやめて、自分であることを受け入れ、許すこと。

そうすれば、のんびりしているのに、自由で、誰にも、何にも心をとらわれない幸せな人生が手に入ります。

自分の価値って、誰かが評価してくれたり、何かの基準で決まるものなんて思っていませんか？

そうではありません。自分の価値は、自分で決めるもの。

「ダメだな」と思う部分も「ここはいいな」と思える部分も、まるごとよしとすることが大切です。この「まるごとよしとする」という感覚は「私って全部素敵！」「俺ってサイコー」になるということではなく、どちらかというと
「ま、これが私だもんな」

という軽いタッチ。いい自分、悪い自分というジャッジを挟まない、ニュートラルな感覚です。

「これが自分だから」

その感覚こそが、価値ある自分を認めるということなのです。

でももし、あなたがどうしても自分に価値があると思えない、そう決められないというのなら、1つ、とっておきの方法をお伝えしますね。


それは、「自分に価値があることにしておく」こと。

完全に信じられなくてもいいから、とりあえず、自分には価値がある「テイ」で生きてみる。それで、生活してみてください。

これは本当にたくさんの人がその「効果」を体験済み。きっとね、すべてが変わると思います。

自分の魅力に「イエス」と言おう

もしもあなたが「自分らしく生きたい！」とか「やりたいことをやって生きたい」と僕のもとを訪れたなら、僕はあなたにこう言うと思います。

「いいかげん、自分の魅力を受け入れるタイミングなんじゃない？」

って。

そう言うと「いやいや、私は全然魅力なんてないし」とマッハで返すあなたに、今度は僕はこう言いたい。

「ラクなほうに逃げてんじゃねーぞ！　このおバカが！」

（つい口が悪くなってゴメンナサイ！）

大切なのは、

・**自分の魅力を受け入れる**
・**自分の価値を受け入れる**
・**自分のすばらしさに降参する**

ということ。

勘違いしないでくださいね。これらは、能天気なアドバイスではありません。これって実は、めちゃくちゃしんどいことだから。

だって、それって頭ん中お花畑ヤローに見えるし、ナルシストに見えるし、自己肯定感の低かった人からはそれはそれは、ハードルの高いことに思えますよね。

自分のことを「こんなすばらしい人です」と言うことで「そんなはずはない」と思っている自分との戦いがはじまります。

だから結局、「自分の価値なんて低いもんです」って言っておいたほうが、自分がラクなのです。そのほうが目立たないし、妬《ねた》まれないし、たたかれない。自分も努力しなくて済む。自分が心の底から望んでいる方向へは行けないのかもしれないけど、感情的にもかなりラク。

だから僕たちはどうしても「自分が魅力があるってことを受け入れる」ことから逃げる傾向にあるのです。

そしてやっかいなことに、「自分なんて全然です」という謙遜《けんそん》は、日本人の感覚からしたら美徳なわけで、あなたがそういう態度をとっていると、「謙虚な方ですね」「そんなことないですよ」と評価してもらえる。

でも、僕はあえてあなたに言いたい。

「謙虚に逃げてんじゃねーぞ！　このカスが！
自分の魅力をちゃんと自覚して表現しろや！」
（またまたつい口が悪くなってゴメンナサイ！）

あなたが自分らしい人生を生きていくのであれば、「自分の価値を自覚する」ってことから逃げちゃダメなんです。

自分には魅力があると認めて、きちんとそれを世の中に発揮していく。
それは、あなたがあなた自身に対して果たすべき〝責任〟なのです。

あなたらしさを武器にする練習

その4

前に進む力は
ここで見つかる

「どストライク」の周辺に、得意の種が転がっている

僕は何をやっても長続きしないタイプで、何かをはじめても、つまらなくなったらスグにやめてしまいがちです。

でも、そんな僕が20年以上、毎週欠かさずに続けていることがあります。それは、**「毎週月曜日に『少年ジャンプ』を立ち読みすること」**。

誰に言われることもなく、欠かさずやっているのです。

でも、これがもし仕事だったら、ちょっとめんどくさいなと思います。

マンガに興味ない人が「毎週月曜日に『ジャンプ』を立ち読みしなければならない」という役割だったら「うぁ〜、めんどくせ〜」ってなりますよね。めんどくさくないにしても、喜びはないはず。

でも僕は、毎週月曜を心待ちにしながら、立ち読みをものすごく楽しみにしているのです。

何がいいたいのかというと、**人って、「自分にとって大事なこと」は他人から見た**

らめんどくさいようなことでも、自然と楽しみでやれているということ。

だって、僕は『ジャンプ』を読むのに努力したことなんてありませんし、頑張ってコンビニまで行ったこともありません。「『ジャンプ』読みまくっててえらいね！」なんて他人の評価も求めていません。ただ、自分が楽しいから、自分の喜びだからやっているのです。

「楽しい」

この理由だけで、自然と続けられること。ニコニコしながらついついやってしまうこと。

どの分野のことであれ、自分の人生にとって大事なことって、こんな感覚でやっていけると思うのです。

だから「自分にとって大切なもの」を見つけるのってものすごく大事です。

自分にとって大事なものを見つけて、それを夢にしてしまうのが一番幸せで、成功する秘訣《ひけつ》だと僕は思います。

今となっては、僕にとっては、『ジャンプ』を読むのと同じくらい、メルマガなどで情報発信しているときが、無条件で楽しい、誰に強制も評価もされなくても、自然とやりたいこととなりました。

自分の「どストライク」さえ認識できれば、その周辺を探してみるといい。あとは、『ジャンプ』を立ち読みするように自然に達成できるし、続けられるのだから。

「テンション上がるトリガー」の力をとことん借りる

僕のテンションを上げるものは『ジャンプ』だけではありません。

ほかにももちろんあります。

たとえば「目玉焼き」。

先日、妻がトンテキを作ってくれたのですが「トンテキの上に目玉焼きのせる？」と聞いてきたのです。僕は豚肉が好きなので、トンテキだけでもハッピーだったのですが、それを聞いた瞬間「ぬぅおおお！　いるっ!!」と、よくわからない返事をしている自分がいました。そう、僕にとって目玉焼きは鬼のごとくテンションを上げてくれるトリガーなのです。
人生においても、この「目玉焼き」のような存在があると思いませんか？
「これがあるだけで猛烈にテンション上がる!!」というもの。

・ネイルを新しくするとテンションが上がる
・好きな香水をまとっているとテンションが上がる
・タリーズのハニーラテを飲むとテンションが上がる
・お金を稼ぐためだったらテンション上がる
・モテるためだったらテンション上がる
・有名になるためだったらテンション上がる

それがあるだけでテンションが上がるものを自覚しておくことは、自分自身のコンディションを維持し、ここぞというときに力をフルに発揮するために有効です。

やる気を引き出すトリガーになり、落ち込んでいるときに気持ちを復活させてくれるものであり、自分を素敵な状態にしてくれる大切な存在だから。

運気とは「気分」という言葉を聞いたことがありますが、まさに、「気分」をよい状態にしておくことは、あなたの人生をどんどん好転させていくために必須の条件なのです。

不思議な予感は信頼してみる

今までの人生を振り返ったとき、「全然ダメだったなあ」と感じることもあるかもしれませんが、「それなりのことはやってきた」「まあまあ頑張ってきた」と、感じることもたくさんあると思います。

そして、それなりにやってきたし、冷静に考えればそこそこ幸せなのだけれど、「もっとよくなる」と、不思議な確信をもっているという人は多い。だからこそ、本を読んだり、カウンセリングやコンサルティングの門をたたいたりする人も多いでしょう。

「自分はまだまだイケるはず！」と、そう感じている自分。

「もっと自分にふさわしい場所があるはず！」と、確信している自分。
「自分にはもっと秘めている可能性がある！」って人生に期待しまくっている自分。

自分のなかから沸いてくる「不思議な確信」があなたのなかにあるのなら、その感覚こそ大事に取り扱うべきものです。その確信こそ、あなたを新たなステージに連れていってくれる方位磁針です。

そして、あなたが感じている確信を現実にするためには、自らの足で自分を次のステージに連れていく必要があります。

実は、「次のステージ」って、今までの延長線上には存在しません。

それは「コンフォートゾーン」と呼ばれる自分の安全領域の外側にあります。あなたの次のステージは、

「他人には普通のことなのに、自分にはものすごく〝怖い〟と感じていること」

「実はやりたいけれど、もっともらしい理由で〝できない〟と思い込んでいること」

そこに存在しているのです。

僕の場合もそうでした。

僕の講座や講演会、コンサルティングを受けてくれる人には想像できないかもしれませんが、僕は「人としゃべる仕事は絶対にできない」と信じ込んでいました。人と話すことも怖かったし、ましてや大勢の人を前に何かを伝えるなんて、できるはずがない。

本気でそう思っていたのです。

今は、講座をしたり、講演をしたりしていますし、「自分は人としゃべる仕事はできない」と信じ込み、悩んでいたことすら忘れています。

でも、当時悩んでいたときに、「自分には無理」という概念をそのまま信じて、何もしなかったら、今の仕事はやっていないだろうし、今、出会えている人とも出会っていなかったかもしれない。

勇気を出して本当によかったなぁと、心からそう思っています。僕が心の奥底からひねり出した勇気が、たくさんの大好きな人に出会わせてくれて、僕の才能を発揮させてくれたから。

だから、もし、今あなたが、「自分にはできない」と感じていることがあっても、そしてそれが怖いと感じることであればあるほど、実はそれこそが、数年後のあなたが得意としていることかもしれません。

そして2、3年後に「あのときはできないってマジで信じていたよね〜〜」と笑い話になっているかもしれない。

だから、さあ、勇気を出そう。

……そう言っても、勇気が出る人も少ないと思うので、僕自身が勇気をもらい、ときどき読み返す言葉を紹介します。

これはネットでたまたま出会ったスティーブ・ジョブズの言葉ですが、僕が傍らに書き留め、折に触れて読み返す言葉です。

君の人生は短い。
誰かの人生を生きて、
無駄にする時間はない。

他人の考えの結果に従って生きる
という罠《わな》にはまるな。
他人の意見のノイズの中に
自分の内なる声を沈めてしまうな。
人生でもっとも重要なことは
自分の心と本能に従って生きる、
その勇気をもつこと。
それ以外はすべて二の次だ。

「嫌だはNO　怖いはGO」で判断する

自分らしく生きるには、「自分じゃないこと」を秒速でやめることです。

先にもお伝えしましたが、〝成果〟や〝成功〟のためには「やるべきこと」を考え、〝幸せ〟や〝自分とは何者か〟を知ろうとするには「やらないこと」を見極めることです。

それは、行きたくもない飲み会に行ったり、
会いたくもない人と会ったり、
在籍したくもないコミュニティに在籍していたり、

そんなことは「秒速でやめよう」ということなのです。

ただ、1つ大事なポイントがあります。

それは、「嫌だ」はやめたほうがいいけど「怖い」はやったほうがいいということ。

僕たちは「嫌だ」と「怖い」を一緒のものとして扱ってしまいがちですが、実はまったく別もの。「嫌だ」と感じるものは断固としてやらないほうがいいけれど、「怖い」と感じるものはやったほうがいいのです。


なぜかというと、「怖い」って感じるものはちょっとやりたいことなんです。

「怖い」＝「楽しんでる」と思ってもらっていいくらいです。

たとえば、ジェットコースターに乗るのを「嫌がっている」人って、マジなトーン

で、「いや、マジで無理だから」と言いますよね。

でも、ジェットコースターを「怖がっている」人って、

「えぇ〜、ヤダぁ〜、ジェットコースター超怖い〜〜!! 乗りたくなぁ〜い! こわぁ〜い」

みたいな感じ。これ、ちょっとワクワクしてますよね?

これと同じで、「怖い」って感じたことは「ちょっとやってみたい」センサーが反応しているってことなので、ぜひチャレンジしてほしいのです。

ちなみに僕は「怖い」と感じることをやって大きく人生が変わったことがあります。

数年前、大阪で知人たち30人くらいでご飯を食べていたときに、そのなかの1人の人が「明日、竹田和平さんに会いに行くんだ」と言いだしました。

当時の僕は、竹田和平さんの存在は知っていましたが、お会いしたことはなかったので、「僕も行きたいな」と思いました。

でも、「僕もついていっていい?」と聞くのが、とてつもなく怖かったのです。

そのお店には2時間30分くらいいましたが、2時間20分くらい、ずっとずっと怖く

て「僕もついていっていい？」の一言が言えず、悶々《もんもん》と時間を過ごしました。でも、2時間21分ほどたったところで、やっとなけなしの勇気を振り絞って「僕もついていっていい？」と聞きました。そして次の日、僕は竹田さんご本人に会いに行くことができました。

そこから、つきあう人も変わり、ビジネスが広がり、それだけでなく、僕の内面が怒濤《どとう》の変化をしていきました。

ここで出した小さな勇気が、僕の人生を大きく変えたというわけです。

あのときは本当に怖かったけど、勇気を出して聞いてみて本当に本当によかったと心の底から感じています。

だから、もし、あなたが、これはやるべきか、やらざるべきかと迷ったら、それが

「嫌なのか」

「怖いのか」

をちゃんと意識して感じてあげてください。

そして、

・嫌なことであれば、全力でやらないでいよう
・怖いことであれば、ちょっぴり勇気を出してやってみよう

そう決めておくと、大事なときに判断をあやまりません。
だって、「嫌だはNO！　怖いはGO！」だから。

人は「アウトプットした分」しかインプットできない

「おい！　そこのクソ中卒ヤロー！
学歴もなくて資格もないくせに
なんかいい感じにうまくいっているらしいな！
秘密を教えろや!!
教えないと黒板にツメ立てて
キィーキィー鳴らすぞっ!!」

そんな脅迫を受けたら、僕は迷わずあっさり、その「秘密」を白状します。

その秘密とは、「メルマガを書いていること」。

ええっ⁉ それだけ？ と思いましたか？

メルマガを書いているメリットというのは、売り上げが上がるとか、手軽にはじめられるとか、ブランディングできるとか、もちろんビジネス的にもいろいろあるのですが、一番は「アウトプットできる」ということです。

僕はメルマガを書きはじめてから、自分の成長を如実に感じるようになりました。

人生って、いろんなことを学ぶ機会がありますよね。そのときどきで、何かをはじめるという場面もたくさんあります。

そんなとき、インプットするだけでなく、自分が培ってきたものや、思っていることを随時アウトプットしているかどうかで、その習得や成長に恐ろしいほどの差がつくものです。


同じような能力で、同じようなことを学んでいて、同じような年齢の男性が2人いたとします。
片方は、メルマガを毎日書いてアウトプットをしています。
もう片方は、延々とインプットをしつづけています。

きっとこの場合、5年、いや、2〜3年で、もう計り知れない差がついていると思います。インプットするだけの人と、アウトプットもする人とは、まったく違う道を行くことになる。

人は、どれほどたくさんインプットしたとしても、アウトプットしている分しかインプットしていると思えない生き物。だから、アウトプットしないでインプットしつづけても満たされないし、いつまでも欠乏感を味わうことになってしまうのです。

きっと、あなたのまわりで同じようなところから圧倒的な差がついた人たちって、アウトプットの差だと思います。

日常的にアウトプットすることは、学びや成長のスピードが格段に速くなるのはもちろん、「自分への感度」を上げることにつながるからです。

・日々での出来事
・自分がやってみたこと
・他人がやっていること

それらを見て、

・自分がどう感じたのか？
・自分はどう思ったのか？
・自分はうれしかったのか？
・自分は悲しかったのか？

など、普通はスルーしてしまうような自分の気持ちや感覚を、きちんと言葉にして発信をしていると、自分の感覚がどうだったかを自動的に振り返ることができます。

すると「自分自身への感度」がグッと上がります。これが重要で、同時に、なかなかできないことだったりします。

発信者である人は、

・**成長が速くて当たり前**
・**学びが多くて当たり前**
・**自分軸ができていて当たり前**

になっていくのです。

もちろん、誰だって、最初からうまく書けることはありません。でも、それでいい。それでも、得られるリターンは莫大《ばくだい》なものだからです。
もしもあなたが今、定期的にアウトプットする習慣がないのなら、それは、とてつもなくもったいない話です。

それに、ある程度長い時間大人として生きてきたなら、インプットは十分にしてきているはずなんです。

だから、どんな方法でもよいから「アウトプットする習慣」をつくる。僕のようにブログやメルマガを書くことでもいいし、自分が得た知識を誰かに教える場をもつことでもいい。とにかく、得た知識や技術を循環させること。

特に、あなたが自分のことを「勉強不足」「実績不足」と感じているならなおさら、アウトプットを優先してみることです。

今のあなたが、今のあなたのレベル、スキルで、世界に与えられるものでかまいません。「もっともっとうまくなってから」なんて機をうかがっていてはいけません。

今すぐ、アウトプットすることからはじめる。

アウトプットを続けていると、人生のステージがいつのまにか変わります。

CHAPTER 4

とことん受け取って幸せになる

受け取り上手な人の共通項

その1

受け取り上手はジャッジしない

人もお金も「理由」に集まる

先日、いつも行っているジムでヘッドスパを受けました。

ジムの掲示板に貼ってあったヘッドスパ体験会のPOPを見たのがキッカケです。

「極上のヘッドスパを体験してみませんか?」というコピーに惹《ひ》かれたのか、「20分3000円」という価格に惹かれたのか、「施術者のお姉さんの顔写真」に惹かれたのかは記憶にないのですが、とにかくヘッドスパを受けてみました。

普通に気持ちよかったのですが、帰りにジムのスタッフの方に必要以上に「めっちゃよかったですよ!!」とアピールしている自分がいました。

なぜだと思いますか?

理由はシンプルです。

「このジムに定期的に呼んでいただけるようになりたいので、よかったら感想をスタッフの方に言っていただけませんか?」

と、施術前に言われたからです。

これが、もし、

「感想をスタッフの方に言っていただけませんか？」

だったら、わざわざ感想をスタッフにお伝えすることはなかったかもしれません。

「このジムに定期的に呼んでもらえるようになりたいので」という「理由」を聞いていたから、ついついはりきって、スタッフに感想を伝えにいったのです。

このように、「理由」があると人は動きます。

「理由」は、結果に大きく影響するのです。

たとえば、有名な話でこんな実験結果があるそうです。

ある大学でコピーを取っているところに割り込んで「先にコピーを取らせてください」と言うと、60％の人がＯＫと言ってくれたそうです。

でも、「急いでいるので、先にコピーを取らせてください」だと、94％の人がＯＫだったらしいのです。

そして、ここからがおもしろいのですが、

「コピーを取らなければいけないので、先にコピーを取らせてください」という、もはや意味のわからない理由であっても、なんと93％の人がOKと言ってくれたらしい。

だから、あなたが何かをしようとするとき、誰かに動いてもらいたいときは「なぜ、それをやるのか？」の「理由」の部分を伝えるべきなのです。

その「理由」は、コピーの例のようにたいしたものでなくてもいい。

なぜ、その商品を売っているのか？
なぜ、今のビジネスをしているのか？
なぜ、応援してほしいのか？

あなたの「なぜ」を伝えることが、あなたが「何」をしているのかよりも、ずっと大切なのです。

子ども心を全開にする

赤ちゃんって、泣くのも笑うのも全力ですよね。

それによって、誰かに迷惑かけるだとか、嫌われるだとか喜ばれるだとか、そんなことは1ミリも考えていません。

泣いたり、笑ったり、寝たり、動いたり、自分のやりたいようにやっている。

そして、何か楽しそうなことを発見して勝手にはしゃいだりしているのを見ると、こちらまでとても幸せな気持ちになります。

なぜ、幸せな気持ちになるのかというと、僕たちには全員、絶対に赤ちゃんのころがあって「はしゃいでた子どものころ」があったからだと思います。


そう、どんな大人でも子どものときはあったのです。

目に見えるものがすべて新鮮で、かめはめ波が撃てるようになると本気で思っていて、大人になったらセーラームーンになれると思っていた。

そんな、あなたのなかの「子どもの自分」。

いつのまにか消えてしまったかのように思えても、それがあなたのなかから完全にいなくなることはありません。もし、いないと感じるのであれば、それはあなたが巧妙に隠しているだけ。

こんな質問を自分に投げかけてみてください。

いつからだろう？
僕たちが妙に大人びてしまったのは。
いつからだろう？
子どもみたいに、はしゃぐのがカッコ悪い恥ずかしいことだと思いはじめたのは。
いつからだろう？
好きなことをしてはいけないと思いはじめたのは。
いつからだろう？
みんなと同じようにしないといけないと思いはじめたのは。

子どもでいることをあきらめてしまったできごとや場面が思い浮かんだら、自分にこう伝えてあげてください。

「好きなことをやってもいいよ」
「何もあきらめなくっていいよ」
「なりたい自分になっていいよ」
「幸せになっていいよ」
「いつも見守っているよ」

「大人になる」ということは、人生をつまらなくすることではなくて、はしゃぎたいのを我慢することでもなくて、世間の正しさに自分を当てはめることでもありません。

そんなことをすると、あなたの人生はあっという間に、つまらない人生になります。

なぜなら、その状態ではあなたの魅力が1ナノミクロンくらいしか発揮されないから。

あなたの魅力の大部分は、あなたのなかにいる「子どものあなた」がもっているからです。

自分の感情に素直で、自由で、何に対しても興味深々で、今を全力で謳歌《おうか》する子どもの心で動くからこそ、人の心を動かしたり、何かを成し遂げたりできる。

子ども心は100%ピュアな才能と魅力の塊です。

世の中で活躍している人、あなたの周囲の魅力的な人を見てみてください。

「すごく子どものような側面」がありませんか？

そしてその子どものように楽しんでいる姿に、周囲は魅力を感じ、自然と笑顔になっているはず。

・自分を抑え込むんじゃなくて、さらけ出しているんだ

・カッコつけているんじゃなくて楽しんでいるんだ

・大人びているんじゃなくてはしゃいでいるんだ

そう、大人だって、さらけ出して、楽しんで、はしゃいで生きると、自然と幸せが舞い込んでくるのです。

あなたのなかにも絶対にいる「無邪気で子どもなあなた」。その自分を出せば出すほど、あなたの魅力がどんどん解放されていきます。

さあ、あなたの魅力を外に出していこう。

「自分」をもっと世界に表現してあげてくださいね。

「ありえない！」じゃなくて「これもアリなんだ！」

「自分の制限を外してくれる人」、あなたのまわりにいますか？

僕にはいます。


まず、強烈に制限を外してくれた友人というと、佐川急便の配達員、通称「佐川男子」だった人の話。この人は、その後、心理カウンセラーとしてテレビに出て一世を風靡《ふうび》し、50歳を超えて武道館単独ライヴを行いました。

え？　心理カウンセラーが武道館で単独ライヴ？

意味がわかりかねた僕は、真相を確かめにその「独演会」と名づけられたライヴに参加したのですが、日本武道館の前でタクシーを降りた瞬間、度肝を抜かれました。

「マジか！　これ、完全に嵐のコンサートやん！」

一緒に行った本田晃一さんとそう話したのですが、実際のライヴを見てさらに驚きました。信じられないくらいカッコよかったし、何よりも感動したのです。

でも、よく考えてみると、カウンセラーとして活動10周年記念とはいえ、テレビに出ていて全国に名前が知られている人とはいえ、武道館で単独ライヴで歌いまくるなんて、マンガの世界じゃないかと思いました。

この体験で僕が何を感じたかというと、

「自分が望んでいることなんて、軽くかなっちゃうんじゃない？」

という、いい具合の〝勘違い〟でした。

だって、僕らの望んでいる多くのことは「日本武道館で単独ライヴをする」ことよりは実現可能な気がしませんか？

こんなことを実現している人を生で、今目の前で見ちゃったら、僕だってもっと思いきった夢をもっていいのかもしれないな、そう思えたのです。

……と、この佐川男子の人、ご存じ心屋仁之助さんの場合はかなり強烈な例なので、もう少し身近な感覚で、自分の制限を外してくれた友人の例をあげてみますね。

ある友人とバレンタインデーの日に、なぜか男2人でコンサートに行ったときのこと。

正直僕は、そのコンサートには1ミリも興味がなかったのですが、友人が「そのコンサートの主催者を僕に紹介したい」と言うので、足を運びました。

会場に着いて重い扉をギギッと開けると300人ほどのキャパがほぼ埋まっていました。「けっこう人気なんだね」と話しながら映画館のような間隔の狭い席に友人と2人、並んで座りました。

席についてしばらくすると、「ブブー」とブザーが鳴り本番がスタート。

まず、そのコンサートの前説みたいな話が始まったのですが、その前説の人が話しはじめて1～2分くらいしたときに、チラッと隣の友人を見ると、

……秒速で寝てるやないか！

このコンサートに僕を軽く強制連行しておいて、演奏がはじまる前に自分が寝るな

んて。そして、その友人はそのままコンサート終了まで起きませんでした。

僕はこういう人を見ると、「あ、いいんだ！」って思うのです。

自分から連行気味に誘っておいて、自分ははじまる前に寝ちゃうなんて人によってはものすごく失礼に感じるかもしれません。でも僕は、こういう人を見ると「あ、これでもOKなんだ」と思えるのです。そして自分にも「こんなんでもOKだよ」って、自分に許可が出せるのです。

この、**人を見て自分に許可を出せる**ってとても大事。

自分の人生のオプションになかったことを「やってもいいんだ」「それでもいいんだ」って思えると、人生の選択肢がドーンと広がるからです。

僕には、家賃が100万円以上の家に住んでいる友人が数人いるのですが、そんな人たちを見ていると、同様に「あ、いいんだ！」と思います。

だって、一般的に月収100万円は高収入です。

月収100万円を目指す人も多いなかで、この人たちは月収100万円じゃ家賃も払えないわけだから。

こういう感覚の人と会っていると、

「あ、それでもいいんだ！」

「月収500万円もアリなんだ！」

と自分の制限に気づいて、解除することができるんです。

こんなふうに「自分の制限を外してくれる人」が、あなたのまわりにいますか？

もしいるのなら、その人はあなたにとって貴重な存在です。

その人たちを見て「ええぇ、あんなの自分にはできない」ってひるむのではなく「あんなの間違ってる」「あれっておかしいよね」って否定するのでもなくて「ああ、そういうのもあるのか」って受け止めてみること。

そうすると、今まで自分が感じていた常識や当たり前が少しずつ崩れていきます。

崩れた「常識」の向こう側にはあなたの可能性が広がっていて、いつの間にか「ああ、それって当たり前だよね」「自分にもできるし、やってオッケー」とGOを出せる自分になっている。

だって、僕らが「当たり前」「そういうものだ」って思っていることって、実は、生まれた環境の中で見た「小さな世界の当たり前」であって、全然「全世界の当たり前」なんかじゃないから。

「自分が勝手に設定した勝手な制限」がなくなればなくなるほど、人は自由になれます。制限を外してくれる人たちを、大切にしてくださいね。

受け取り上手な人の共通項

その2

他力を信じて受け取っている

理想への階段をくれるのはいつも「他力」

先日、ホテルでランチをしていたときのこと。

このお店はカウンターに座って、目の前の鉄板で焼いてくれるスタイルなのですが、なんと、焼いてくれる料理人が女性の方でした。

「鉄板焼きの料理人で女性は珍しいな」と思いましたが、僕は持ち前の社交性の低さから、お店の店員さんと会話することはほぼありません。なんとなく心のなかで「珍しいな〜」と思っていると、妻が、「女性で鉄板焼きする人珍しいですね」と話しかけました。話を聞いてみると、女性で鉄板焼きの料理人をしている人は東京でも数人しかいないらしく、なかなかレアらしいのです。

「なんで鉄板焼きの料理人になろうと思ったんですか？」

と聞くと、最初はフレンチのシェフだったのが、ある人に「ぜひ、やってほしい」と言われて今の道に進むことになったそうなのです。

「人生で自分がお客さんの目の前の鉄板で調理することになるなんて、思ってもいなかった」と言っていました。

でも、僕には彼女がお肉を焼いているのがとても似合っていると感じられました。

立ち居振る舞いや雰囲気がとても美しくて、似合っていた。

きっと天職なのだと思います。

その姿を見ながら、

「人って、人とのご縁や人生の流れに乗っていけば、自分にふさわしいところに流れ着くようになっているんだろうな」

と改めて思いました。


僕自身、中卒で会社を経営することになるなんて思ってもいませんでしたし、コンサルタントとか聞いたこともないような職業を生業にするとも思いませんでした。

さらに、ブログやメルマガで何万人もの人に向けて情報を発信するなんて思いもよらなかったこと。

でも、なんとなく人との出会いやら、情報との出会いやらによって、自分にふさわしい場所へ連れてこられたような感覚は確かにあるのです。

そして、それはこれからもまだまだ起きそうな感じがしています。

そしてそれは、確実に「他力」によって起きている。

自分にできることって、

「自分にふさわしいにステージに自分を連れていってあげるね」

そう決めるだけだと思うのです。


あなたが一番輝くステージにあなた自身を連れていってあげるために、あなたがすることは「連れていってあげる！」と自分と約束するだけ。


あとは、「他力」に信じてお任せしよう。

すると、あるときはソッコーで、また、あるときはゆっくりと、「他力」が、あなたをふさわしい場所へ連れていってくれるから。

自分が自分にどんな態度を取るかで人生は一変する

「やろうと思っていたのにスタートできなかった」

「続けようと思っていたのにやめてしまった」

というように、はじめたときは「これ、絶対にやろう」って強く強く決意したことなのにできない。そんなことってありますよね。僕も心当たりありまくりです。

よほどの天才でなければ、そんなものだとも思うのですが、**それに対して、自分が自分にどんな態度を取るかによって、人生は大きく変わってきます。**

一番やっちゃいけないこと、それは、できなかったことで自分を責めること。

「やろうと思ったことができないなんて、やっぱり私ってダメだなあ」

これは、本当にやっちゃダメ。それは、自分を生ゴミ扱いしているのと同じことだから。そんなときこそ「そんなときもある」って言ってあげてほしいのです。

できなかったからといって、自分を責めない。

何でも自分を責める材料にしない。

自分のためにやろうとしたことで、自分を責めるのをやめよう。

また、これと同じように、僕たちは、自分が知っていることやできることに対して「過小評価」することがよくあります。自分のためにこれまで頑張ってきたことなのになかったことにしたり、そんなの大したことないと思ったり。

これも、やってはいけません。

できなかったことで自分を罵倒して、できたことは過小評価……そんなの、自分のために頑張っている自分をひたすらいじめているようなものです。

きっと、あなたの心のなかで、あなたが叫んでいるにちがいありません。「わたし、あなたのために頑張っているよ！」って。

だから、今までやってきたこと、ちゃんと評価してあげてください。


あなたは自分の興味がある分野を勉強してきました。

あなたは自分が知らなかったことを知るために本を読んできました。

あなたは憧れている人に近づこうとセミナーに通いました。

あなたは人の心を癒す方法を知っています。

あなたはお金を生み出す方法を知っています。

あなたは母親と和解する方法を知っています。

あなたはお客さんに気持ちよく帰ってもらう方法を知っています。

あなたはセールスのコツを知っています。あなたは人の可能性を信じてあげられます。

あなたが知っていること、あなたができること。

それらのことを知らなかったり、できなかったりする人はたくさんいるのです。なのに、あなたにとっては「当たり前」のことと、それをとてもとても過小評価してしまっているのです。

だから、今、少し時間を取って「自分が知っていること」や「やってきたこと」を振り返ってみてください。たまには、慣れ親しんだ「過小評価」から離れてみてください。


あなたはたくさん頑張ってきたはずです。

あなたは、あなたができること、知識として知っていることを手に入れるために、これまで、自分に時間を使い、お金を使い、研究して、行動して、本を読んで、教えてもらって、嫉妬して、嫉妬されて、いろいろと頑張ってきたはず。

もちろん、あなたよりもできる人がいたり、知識がある人がいたりするのは百も承知。それでもいいんです。それでも、ちょっとぐらい調子こいたっていいんです。

だって、あなたは頑張っているんだから。

あなたが、あなたに取る態度を、もう少しだけ、やさしいものにしてあげてください。

偉そうに高級ホテルで紅茶を飲んでみよう。

いい感じのお店のマッサージを受けに行こう。

かわいいクツやイケてる帽子を自分に買ってあげよう。

たまには優越感に浸ってくださいね。

受け取り上手な人の共通項
その3

自分の「得意」を知っている

「私が空気を吸うようにできること」って何だろう？

僕はジム通いをしていますが、鬼トレーナーとのトレーニングをした翌日から数日は、筋肉痛がひどくてしかたがありません。

僕の鬼トレーナーはかなり僕を追い込んできます。

僕は懸垂なんて1回もできないのに、「ぶら下がるだけでいいのでやってみましょう！」と言ってくるし、ベンチプレスも40キロがどう見ても限界なのに、「もうちょっとだけ増やしてみましょう！」と言ってくる。腹筋ももう限界なのに、「あと、もう1セットだけやりましょう！」と言ってくる。「無理!!」と言ってるのに、にこやかに右から左へ受け流し。それはもう鬼の所業です。

そんなトレーナーが先日「自分にとって筋トレするって当たり前のことなので、それが仕事になるなんてびっくりなんですよね」と言っていました。

そう、これは自分でビジネスをしている人は、感じたことがある感覚かもしれません。

自分にとっては呼吸をするようにできること。実はここが一番の収入源だったりす

るのです。

料理ができる人は
料理くらい誰でもできると思っている。
筋トレができる人は
筋トレくらい誰でもできると思っている。
悩みを聞いてあげられる人は
悩みを聞くくらい誰でもできると思っている。

でも、実はその「当たり前のようにできること」こそ、あなたの一番の収入源になるのです。

僕の場合だと、コンサルティングでした。

2年前くらいまでは、キッチリと体系立ててコンサルティングをしていましたが、その後、体系立ててするのをやめました。

キッチリしたものではなくて、自分にとってはごく自然にできること。その人に必要と思うことだけを話すような形に変えたら、もっともっとクライアントさんの状況がよくなりました。そして、僕もラクにやれるようになって提供できる質と量が格段に上がりました。

自分が頑張って提供できるものよりも、自分が息をするような感覚で自然に提供できるもののほうが価値があるんだな、と体感したのです。

だから、あなたが、

「こんなの誰でもできるからビジネスになるわけがない」
「これにわざわざお金出さないよね？」

と感じているところほど、実は、あなたの一番の強みであって、キャッシュポイントである可能性が高いのです。

そこで、ちゃんとお金をもらえるようにすれば、あなたの才能はもっともっと開花するし、あなた自身もラクで、しかも楽しくなるはずです。

CHAPTER

5

知ると人生が変わる秘密の法則

秘密の法則

その1

人生のバイオリズムを
つくる６つの「しんか」

停滞、後退している人は誰一人いない

あなたがこの本を手に取った理由は何ですか？

1　人生がうまくいっていないから

2　椎原崇の大ファンだから

このどちらだったにせよ、僕がまずお伝えしたいのは、1の人も2の人も確実に「しんか」しているのだということです。

そういうと、

「うまくいっていないんだから、進化なんかしてないし！」

「いやいや停滞しているからこの本を手に取ったんだよ」

という人がいるかもしれませんが、**僕がお伝えしている「しんか」には6つのフェーズがあります**。そのなかには、肌身を通じて変化を感じられる「しんか」ではなく、内面的な変化も含まれています。

だから、今自分がどのフェーズにいるのかを把握して、そのフェーズに必要な声かけをして行動することで、人生は劇的に楽しくなっていくのです。

まず6つの「しんか」のうち、僕たちに日常的に起きているのが4つの「しんか」です。

誰もが前に進んでいる感覚になれるのは**「進化」**しているとき。挑戦をして、目標がいとも簡単に達成できて、周囲の変化もいちじるしい。そんな時期あなたは「進化」しています。

この時期を通り過ぎると、次の課題や問題などを引き寄せる**「辛化」**の時期が訪れます。

辛《つら》い状況を機に自分自身と向き合うことが必要になり、**「深化」**していきます。

そして、とことん向き合った末に、真実の自分が見えてくる。それが**「真化」**です。本来の自分のやりたいことや、新たなステージに招き入れられるような感覚になります。そこが新たな自分に出会える**「新化」**の時期。

4つの段階を経て「新化」すると1つ人生のステージを上がる。そうするとまた新しいステージで「進化」がはじまって……と、そんなバイオリズムで僕たちは人生を歩んでいます。
図にするならこんな感じ。

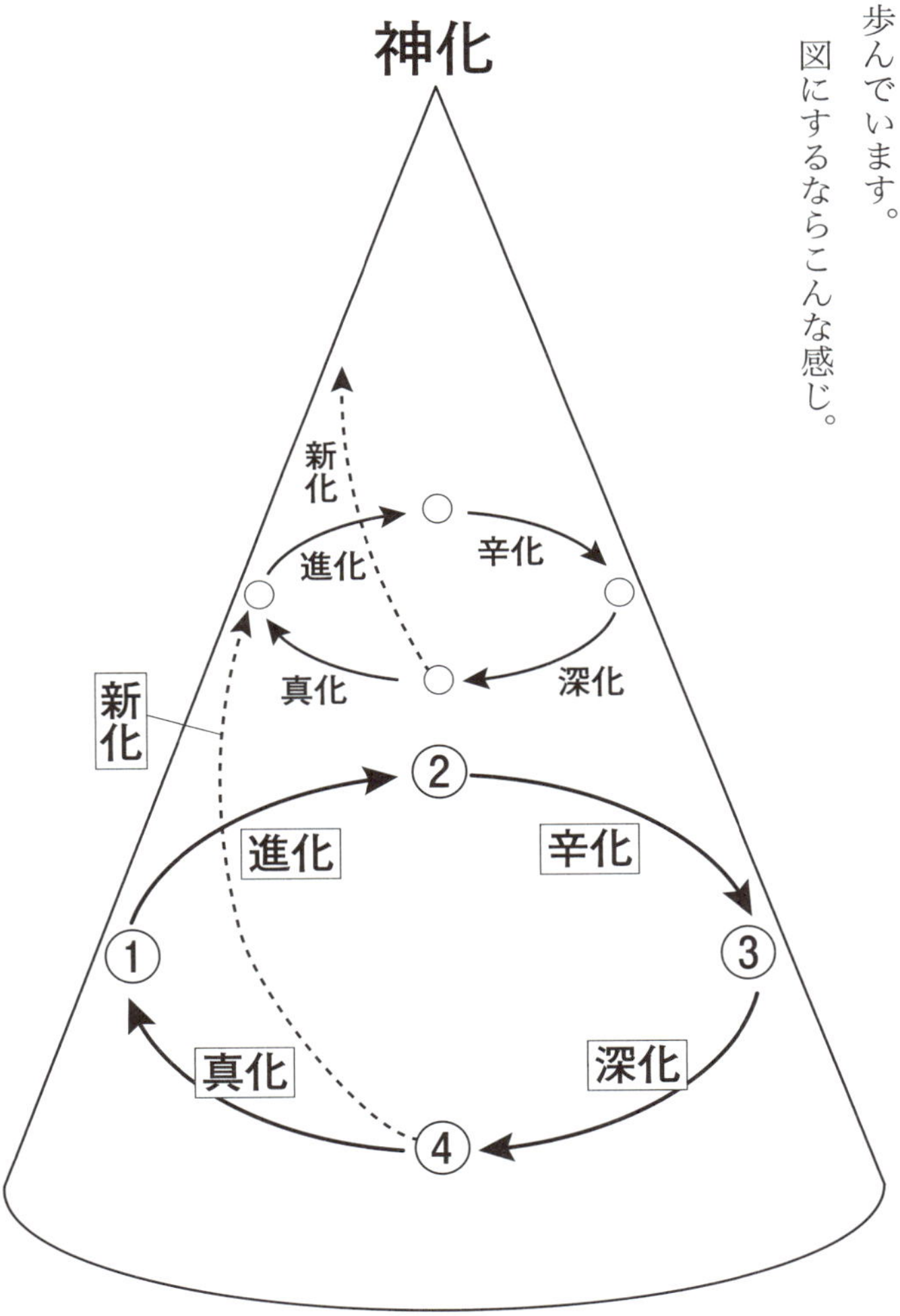

4つの「しんか」のうち、目に見えて前に進んでいるのは「進化」しているときだけ。だからこそ人は普段停滞しているような気がして、もやもやした感じでいることになるのですが、そのときですら人は確実に「しんか」しつづけている。そのことにまずは気づいてほしいのです。

僕たちはつねにこのどこかのフェーズにいて、どのフェーズも確実に動いているからです。あなたはいつだって、そう、もやもやしているときですら「しんか」しているのだから。

「進化」して
「辛化」して
「深化」して
「真化」したら「新化」して、
また新たなステージで「進化」がはじまる。

こうやってステージアップしながら、僕たちは最終的に自己超越やワンネスといった言葉に表されるような「神化」のフェーズへと向かっていきます。これが6つめの「しんか」。

ここでお伝えしたい、重要なことがあります。

それぞれの「しんか」のフェーズによって、「大切にしなくてはならないもの」「見るべきもの」が違ってくるということ。

どういうことかというと、ほかのフェーズで大切にしていたことや、得たものは、次のフェーズに移ると不必要なものになってしまうということ。

たとえば「進化」のフェーズにいるときは、行動すればするほど結果がついてくる時期。まるでジェットコースターのように願いがかなっていきます。こんなときに「自分としっかり向き合わなくては」と瞑想《めいそう》ばかりしていたら、せっかく何をやってもうまくいく時期に思うように結果が出せなくなりますよね。

逆に「深化」のフェーズにいるときに「いやいやとにかく行動だろ!」と、課題と向き合うことをせずに行動していたら、当然うまくはいきません。

自分が今どのフェーズにいるのかを認識して、行動する時期なのか、それとも、じっくり自分と向き合う時期なのかを見極める必要があるのです。

新たなフェーズに入ったとき、人は「あ、状況が変わったな」「なんか今までとは違うな」と無意識のところで感じていますが、前のフェーズにいたときのやり方を手放せずにいる人が意外と多いように思います。

特に、辛い状況を乗り越えるために取った方法ほど、手放しづらいし、手放したくないと感じてしまう傾向があります。

「その方法が自分を救ってくれた」

「あれを試したおかげでラクになった」

その手法はあなたの成功体験ですから当然といえば当然なのですが、このうまくいったやり方こそ、新たなフェーズでは「じゃまでしかない」ということがほとんど。

人生が新たな段階に入ったら、さっさと前のフェーズで必要だったやり方を捨て、次のフェーズで必要な手法を手にすることです。

『ドラゴンボール』で、亀仙人と戦うならエロ本が最高に有効かもしれませんが、これが相手がフリーザになったのにエロ本をかざしても、まったく役に立ちませんよね。

ロールプレイングゲームでも、雑魚《ざこ》とラスボスでは戦い方も装備も変わりますよね。

それと同じように、今あなたがいるフェーズによって、必要なものは変わってくるのです。

これが、前のやり方を手放せないと「しんか」の速度は確実に落ちます。より停滞感を感じ「前はうまくいったのに」と悶々《もんもん》とすることになるのです。

だからもし今あなたが、せっかく人生の新たなステージを感じたにもかかわらず停滞感を覚えているのだとしたら、手にしている以前のやり方を手放す時期にきていると考えてみましょう。

・うまくいったやり方ほど、秒速で捨てる
・次の段階に必要なやり方を手にする

そうすれば「しんか」はスムーズに進んでいくはずです。

あなたをここまで連れてきたものが、あなたをあそこまで連れていくことはありません。

それぞれのフェーズで必要なこと

自分がどのフェーズにいるのかで、やるべきことが変わってきます。

あなたがもし今「なんか停滞しているな」と感じるのであれば、今いるフェーズとやるべきことにズレがあるからです。それぞれのフェーズに必要なことをお伝えしますね。

〈進化〉のフェーズで必要なこと

目に見えて変化が起きている時期、何をやっても結果が出る時期は、自分の感情などの内側のことにあまりとらわれないことが大切。内面に向き合って「これは自分が本当にやりたいことだろうか」と考えるよりも、どんどん外に出て、どんどん行動して、どんどんアウトプットして、結果を出していく必要があります。

いわば、蝶が飛び回っているイメージです。

目の前に咲いている花と花を飛び回り、蜜を吸い、とにかく謳歌《おうか》する時期です。この時期に、さなぎだったころの感覚を忘れられないでいると、せっかくの蝶のシーズンが終わってしまうのですが、さなぎだったころにじっくりと自分と向き合って、その結果蝶になれたという思いが強いと、いつまでも自分と向き合うことがやめられず、動かずにいるという状況になってしまいます。


怖くても、飛び立ちましょう。

だって、さなぎではなく蝶なのだから。


この時期はぜひこんなふうに、行動を促す言葉を自分にかけてあげてください。


「何が楽しい？」

「今日は何をしようか？」

「じゃあ、次は何をする？」

「今挑戦したいことは何？」

自分を促して、さっさとジェットコースターに乗っちゃってください。何も考えずに「ひゃっほー」と言っていればゴールにたどりついています。とにかく行動して、とにかく楽しめばいいんです。

〈辛化〉のフェーズで必要なこと

とにかく結果が出まくっていた「進化」の時期を過ぎると、一見ネガティブなことが起きるようになります。嫌な人が現れたり、トラブルが起きたり、今までうまくいっていたことがうまくいかなくなったりします。

この時期に、今までと同じように「いや、だってうまくいっていたし」と、無理やり推し進めようとすると、問題がより大ごとになったり、悪化したりします。

でも、これはまた新たなフェーズに行くための「辛化」なので、むやみに行動するのではなく、立ち止まって、自分に問いかけをする必要があります。

「これによって得られることは何だろう？」

「何に気づかせたくてこのできごとは起きているのだろう？」

「向き合うべきことって何？」

「今と同じ経験をはじめてしたのはいつだった？」

「そのとき、本当はどうしたかったんだろう？」


そうやって、課題に向き合う準備をしてください。

僕はカウンセリングのときにいつも話すのですが、**目の前のトラブルの多くは〝ダミー〟です。〝本当の課題〟は起きている事柄を一段階掘り下げたところにあります。**

このとき、目の前で起きている問題だけを片づけようと必死になり、「自分に何を教えてくれているのだろう」という視点がもてずにいると、それに気づくまで延々と、そしてどんどん大きなトラブルが起きつづけることになります。

僕が自分を振り返ってみて、「あの時期は辛化の時期だったなあ」と思うのは、セミリタイア生活をしていたときでした。

進化の時期に憧れていたセミリタイア生活を試してみた僕は、今日その日にやることがない、今日その日に行くべき用事がない、という現実に途方に暮れました。自分がまるで社会と切り離されたように感じ、自分がまったく役立たずで、何の価値もない人間に思えてきたのです。

僕はセミリタイア生活早々に、行き詰まりを感じはじめたのでした。

〈深化〉のフェーズで必要なこと

「辛化」の時期に自分の課題が見えてきたら、その課題にしっかりと向き合うときです。

この時期自分の内面に向き合うために本を読んだりカウンセリングを受けたり、瞑想を取り入れたりして、自分の人生の意味やミッションについて考えてみるとよいかもしれません。自分を新たな段階に連れていく準備をするイメージです。

この時期には、自分の内側に向かってこう声をかけてみるといいでしょう。


「辛いとき、本当はどうしたかった？　何が辛かった？」

「自分の声、ちゃんと聞いてあげていた？」

「自分が行きたいステージはどの方向だろう？」

「自分が生きている意味、喜びはどこにある？」

この時期も「辛化」と同じく無理やり行動するとなかなか結果が出ず、頑張っても頑張っても頭打ちになってしまう感覚になります。

日々のことを粛々と進めながら、可能な限り自分と向き合い、「辛化」のフェーズで味わった痛みを癒し、自分の本当の望みを見つけてほしいのです。

このとき大切なのは、人の言葉に耳を傾けすぎないこと。自分の内側に向かって、耳を澄まし、心の動きを見つめるとき。

僕はセミリタイア生活を送りながら、そのあまりの辛さに、なんでこんなに辛いんだろうと、そのときはじめて自分の内面に目が向きました。そして「社会と関わっていないと価値がない」と思っている自分ととことん向き合ったのです。

〈真化〉のフェーズで必要なこと

——僕は社会とのつながりを望んでいるんだ。

それまで右肩上がりで会社を伸ばしイケイケだった僕はまったく気づいていませんでしたが、僕は、深化の時期を経て、僕自身が社会と関わり、社会に働きかけて生きていくことに大きな価値を置いているのだということが心の底からわかるようになりました。すると、それまで感じたことのないハッキリとした感覚が僕のなかに湧いてきたのです。「僕にはセミリタイア生活はできんわ」とわかりました。

そうやって、自分と向き合っていると「あれ、抜けたのかも」と感じる瞬間が必ずやってきます。

「辛化」して「深化」した後、ふと気づく感覚。

それは、たとえば、『ドラゴンボール』で悟空が死にかけるたび、仲間が危険な目にあうたびに悟空の戦闘能力がドカンと上がることに似ています。辛くてしかたのない時期を超えない限り、僕たちの人生の戦闘能力もアップしないし、次のステージには行けないのです。

「あ、抜けたな」と思ったそのときが一皮むける「真化」のとき。自分のやりたいことがしっかりと見えて、何でもやれそうな気がしてくる。

そのとき、あなたは新たなステージに突入しようとしています。ここまできたら「自分のやりたいことは?」とさらに掘り下げるようなことはせずに、行動を促す言葉がけを自分にしてあげてください。

「今から、何をどうやってみる？」
「さあ、どうやって望む方向へ行こうか」
「今の自分だからこそ、与えられることって何だろう？」

実際に動き出すために、これからの行動をシミュレーションしてみてください。きっと、以前の自分の取ってきた古い手法では対応できない段階になっているはず。規模が大きくて人に任せる必要があったり、新しいことをはじめるために仕事を整理したり、新たな自分が望む結果に向けて準備をする時期。

そう、ワンランク上のステージでまた「進化」のジェットコースターに乗る準備が必要なのです。「真実が見えたのに、怖くてできない」といっているのはとてももったいない。ここは思いきって乗ってみるべし！　です。

この時期にいつまでも自分の内側を見つめていると、何かを悟ったような気持ちになれて気持ちいい。これは要注意です。仙人みたいな視点でいながらも、何も実現しない人になってしまいますからね。

秘密の法則
その2

「アクセル」と「ブレーキ」の法則

不倫と家庭とで迷う女性の本当の「願い」

「6つのしんか」の法則ともう1つ、僕たちが生きているなかで、かなりの確率で働いている法則があります。僕はいつも、この法則を用いて、コンサルティングを行っています。

悩んでいる人、停滞している人、ものごとがうまくいっていない人は、ほぼ間違いなく、

「同じ目的に対して、真逆の行動を取ろうとしている自分」

がいます。

たとえば「人前に出て好きなことを仕事にしたい」と思っているのに、実際には「会社を辞めるのは怖い」という状態の人がいます。このとき、その人の中では何が起こっていると思いますか?

頭では「人前に出て好きなことを仕事にしたほうがいい」と思っているのに「会社を辞めることができない」のは、無意識では「会社を辞めたくない」と思っている状態だったりします。

会社を辞めずに済むことのメリットが「目立たずにいられる」「忙しくなりすぎずに済む」だったりして、さらにその先にある、自分の本当の望み、つまり目的は「家族を幸せにしたい」だったりするのです。

たとえば、僕のところにこんな女性がコンサルに来ました。

彼女のご相談は「夫以外の既婚男性とつきあっていて、その人がいることによって自分の人生が潤い、モチベーションも上がっているけれども、この状態が永遠に続くわけではないので葛藤している」というものでした。

「今、どのあたりを問題だと思っていますか?」と僕が尋ねると、「割り切ってつきあえず、不倫相手のほうに気持ちが行ってしまっている」と彼女。

浮気相手がほしいわけではなく、白黒はっきりつけたいという思いがあるが、夫はともかく子どもと離れるのは辛い。さらに、白黒つけようとすることで相手の方を追い詰めてしまうかもしれない、今の家族と一緒にいるかどうかを迷っていると言います。

「夫と別れて恋人と一緒になる」か「夫と子どもとの関係を続けていく」かで迷い、悩んでいたのですが、**僕にはそれが「ダミーの問題」に見えたのです。**

「家族と離れたほうがいいと思っている自分」
「家族と一緒にいたほうがいいと思っている自分」

この2つの真逆の自分が、彼女の葛藤でした。

そこで、僕は、彼女の真の望み、つまり本当に行きたい目的地がどこなのかを見ていくワークをしました。

まず、葛藤それぞれに名前をつけて、客観的に見てもらうことにしました。

彼女は「家族と離れたほうがいいと思っている自分」に〝炎くん〟、「家族と一緒にいたほうがいいと思っている自分」に〝ハッピーちゃん〟と名づけました。

まずはハッピーちゃんが向かう先を見ていくことにしました。彼女が一番強く感じていた家族関係を続けていくことで得られるメリットは、

・子どもの成長を間近で見られて幸せな自分

デメリットは、

・子どものことにとらわれすぎて過保護になってしまうことで、子どもの自主性を奪い大人になったときに自分らしく生きられない人間になってしまう

というのが見えてきました。特に、デメリットのほうに強い思いを抱いているようでした。

次に、炎くんの向かう先を見てみました。

彼女にとって家庭関係を壊すことで得られる一番のメリットは、

・今の不倫相手と結婚できて幸せになれるかもしれないし、夫や不倫相手よりももっと素敵な人に出会えるかもしれない

デメリットは、

・**社会でマイナス評価を受けて、本当にやりたい仕事が自由にできなくなる**

というもので、特にデメリットのほうに強い思いを抱いていたのです。

そこで、ハッピーちゃんと炎くんの行き着く先を見ていきました。

ハッピーちゃんは「家族と一緒にいることで、周囲の応援をたくさん得られ、社会的にも安定し応援してくれる人がたくさんできて、自分が好きなことを自由にやれる人生」を目的にしていました。

一方、炎くんはというと「家族と離れてひとりぼっちになることで、社会的にも窮地に追いこまれ、一から人生出直して、自分の本当にやりたいことをやるしかないと決意する人生」を目的にしていたのです。

そう、つまり、ハッピーちゃんと炎くんが見ている共通の目的……それは、どちらも「自主性をもって、やりたいことをやっていく人生」につながっていたのでした。

ハッピーちゃんも炎くんも、どちらも、相談者の女性の望みを何とかしてかなえてあげようと100%の力で頑張っていたわけです。ただそこにたどりつくために選んでいる道が〝真逆〟だっただけ。

そう考えると、自分自身のなかで起きている葛藤、その両方がとても愛《いと》おしく思えてきませんか？

後から聞いた話ですが、この女性は幼いころから母親からの強いコントロールを受け、自分が本当に望むことをやれないで生きてきたと聞きました。だからこそ、「目の前にある今の家族で本当にいいのだろうか」と迷い、悩むということをとおして、本当の課題であり目的である「本当に自分のやりたいことを自主性をもってやれる人生」へと自分を導こうとしていたのです。

子どもの自主性を奪うことへの強い恐怖感も、もともとは彼女が感じていた、「自主性をもった人生」への憧れと渇望だったわけです。

「私は、自分が本当にやりたかったことを、自分にやらせてあげたかったんですね」

それに気づいたとき、彼女の顔がパッと明るくなりました。

目の前にある問題というのは、〝ダミー〟でしかありません。

その奥底に隠れた自分が渇望している本当の望み、それに気づくと、大抵の人は、目の前にある問題はどうでもよくなります。というよりも、本当の望みをかなえるために動きはじめると、自然と目の前の問題が解消することがほとんど。

そして、これまで、違うルートで同じ目的に向かおうとして綱引きをしていた状態が解消され、ものすごいパワーを出せるようになります。

自分のなかにある矛盾すら、1つの目的を表していた

自分でここまで細かく掘り下げるのはなかなか難しいのですが、自分でも気づきを得ることは可能です。それは、自分がやろうとしている一見ポジティブに見える行動と、ネガティブに見える行動のメリットをそれぞれ掘り下げていくこと。

今あなたが悩んでいることが「表舞台に立つことが怖い」だとしたら、「表舞台に立つ自分」と「表舞台に立たない自分」のメリットをそれぞれ、掘り下げていってみてください。必ず、同じ目的にたどりつきます。

たとえば、以前相談に来られた方のケースで「表舞台に立って仕事をしたいのに、できない」というものがあったのですが、その方の場合、それぞれのメリットはこんなふうに出てきました。

「表舞台に立つ」メリット

チャレンジしてみたかったことができ、長年の夢がかなう
伝えたい想いを広げることができる
たくさんの人たちと一緒に笑顔の花を咲かせることができる
自分も輝いて笑顔でいられる

「表舞台に立たない」メリット

家族との時間を大切にできる
目立たないことで批判されずに済む
子育てに力を入れることができる
家族のそばにいられて子どもも夫も私も笑顔で幸せ

この2つのメリットの共通点、それは「自分も周囲の人も笑顔でいられること」。

この方は、自分の真の目的が「自分も人も笑顔の花を咲かせること」にあるのだということに気づいて大いに腑に落ちたと言います。

それまで「表舞台に立つべきか、立たずにいるべきか」を真剣に悩んでいた彼女は、共通の目的である「自分も周囲の人も笑顔でいられるためにもっとも大事なのは何だろう?」と考えはじめました。そして、「自分のペースで無理をせずに仕事と家庭を両立させればいいのだ」という、自分らしい道を見出したのでした。

「自分のペースで無理せずに」というと、一見消極的な選択をしたように見えますが、その1か所に向けてアクセル全開にできるので、これまでよりも当然燃費はよくなりますし、結果も出ます。

実際この方は、仕事はどんどんうまくいくようになり、家族にもたくさんの愛情を注ぐことができるようになり、毎日の充実度が3倍増になったといいます。

どうですか? 目からウロコでしょう?

そう、1つの願いに対して違う方法を取ろうとするから、真逆の方向にアクセルを踏んでいる状態です。違う言い方をすれば、進もうとしている方向に対して全力でアクセルを踏み、これまた全力でブレーキがかかっている状態ともいえます。

そうすると、当然車は動きません。でも200%のフルスロットルなので、疲労感だけがたまり「なぜ動けないのだろう」と悩みつづけることになります。

言い方を換えれば、心のアクセルとブレーキ、どちらも「家族が幸せになる」ために、踏んでいるのです。

そう、これが葛藤です。

葛藤って、こういうしくみになっているのです。

自分のなかで矛盾が起きているときというのは、両方にメリットが存在していて、片方のメリットが心のアクセルとなり、片方のメリットが「そっちじゃないよ」という心と行動のブレーキになっているというわけです。

アクセルもブレーキも両方全開だから「しようと思っているのにできない」という

現象が起きて、どっと疲れ果てるわけです。

こんなときにはまず、「アクセルを踏んでいる理由」と「ブレーキを踏んでいる理由」を探してみましょう。

先ほどのカウンセリングの例のように、**自分のなかの葛藤というのは、突き詰めると「まったく同じ理由・同じ目的」に向かっていたのだ**と知ることがとてつもなく大事なのです。

そして、**共通する真の「目的」**を知ること。

そうすれば、真逆の方法を取ろうとしている自分と自分が、同じ目的に向けてどうやったら到達できるかを相談して、アクセルとブレーキを上手に使えるようになるのです。

アクセルもブレーキも、100%愛から踏んでいる

僕がコンサルやセミナーを通して100%確信していることがあります。

それは、すべての行動は愛から生まれているのだということです。

ギャンブル依存でも
アルコール依存でも
浮気がやめられなくても
ワーカホリックでも

どんな状況でも、何をしでかしていても、それは、突き詰めていけば必ず、アクセルとブレーキを踏みっぱなしの葛藤と、最終的には1つの目的、「愛」にたどりつきます。

100%、絶対にそうだと、僕はこれまでたくさんの人を見てきて確信しました。

カッコつけるわけではないけれど、たくさんの事例から見てもこれは事実だと思うようになりました。世の中の一般的な正解、不正解に当てはめたところで何も解決しない。それを痛いほど身にしみて知ったから、僕はどんな状態の人にも、ジャッジすることはありません。

これはいい、あれはダメ。あれはいいこと、これは悪いこと。あの人はいいけどこの人はマズい……。そんなジャッジがいつのまにか浮かばなくなりました。

もしかしたらこんな僕だから、安心して自分の悩みを話してくれるのかもしれません。

あなたがもし、依存や目の前の現実に苦しんでいるなら、または、そうやって苦しんでいる人がいるとしたら、自分や相手を暗に責めたり、突き放したりするのではなく、

・自分（この人）は、何の目的のために、そうしているのだろう
・自分（この人）の愛は何を求め、どこに向かっているのだろう

と、考えてみるといいんじゃないかな、と思うのです。

「私ってここがダメなんだ」とあなたが欠点だと思っていたことや、「こんなことをしてしまうなんて」とあなたが自分にダメ出ししていることが、実はあなたの本当の

望みをかなえようとしている心の動きであることに気づいてほしいのです。

・あなたが「ダメ」でいることによってかなえようとしていることは何？
・あなたが「それ」をすることによって得ようとしているものは何？

あなたのなかにいるどんなあなたも、あなたを幸せにしようとしてくれている。

まずは、そう信じてみてください。

そして、目の前の課題に向き合おうとするときは、ポジティブな要素に目を向けるようにしてほしいのです。

なぜなら、実際はポジティブな理由もあるはずなのですが、危険なものからまずは避けようとする人間の本能がじゃまをして、ネガティブな要素ばかりが目につきがちだからです。

本来、それを選択しているメリット。そのメリットこそ、あなたを真の目的にたどりつかせようとしている強力なリソースです。

だから、目の前の問題があなたのじゃまをしていると思うときこそ、それによって得られているメリットに注目してみてほしいのです。

心のブレーキを解除して小さな勇気のアクセルを踏む

あなたが、自分らしくガンガンに活躍していくと、必ず、あなたのことを大好きになって称賛する人が増えて、必ず、あなたのことを批判したり、小バカにしたりする人が増えます。

これ、おもしろいように両方とも増えるのです。
つまり、これもまた、一種のアクセルとブレーキです。

つまり、あなたが自分らしくあればあるほど、リーダーシップを発揮すればするほど、輝けば輝くほど、より多くの人たちに影響を与えるということです。
そうなれば、そうなるほど、

あなたはたくさんの人に称賛や応援されて
あなたはたくさんの人に批判されて、バカにされるのです。

ここで、応援してくれる人の「期待に応えよう」と思ったり、批判してきたりする人に対して「満足してもらおう」と思うと、たいていの場合は自分を見失います。
だからこそ、リーダーシップを発揮しているときほど「自分の感覚」を中心に感じて自分軸からブレないことが大事です。

そして、覚えていてほしいのが、この「称賛」と「批判」ですら、表裏一体なのだということ。
称賛や応援をもらうと、なんか、期待に応えないといけない感じがして窮屈に感じたり、ひとりよがりになって大切な友達を失ったり、人の意見を聞かなくなって視野が狭くなったり、称賛や応援に執着が生まれて、自分らしくいられなくなるって側面もあるかもしれません。

批判されたりバカにされることで「やってやろうじゃないの!!」とスイッチが入ってエネルギーが湧いてきたり、「今が幸せだったんだ」って気がつけたり、自分にはない視点が入ってきて、視野が広がったり、「自分の器」が大きくなるキッカケになったりする側面もあるのかもしれません。

ほら、そうすると、称賛と批判が逆の効能をもたらしているでしょう?

だから、批判も称賛もどちらもあまり変わらないのです。

大切なのは、影響力が大きくなればなるほど「自分の感覚を中心に生きる」という意識なのです。

あとがき

なりたい自分になっていい

最後までお読みいただき、ありがとうございました。

あれこれお伝えしてきましたが、僕の話は、どこかの偉い先生みたいな人が教えているビジネスのやり方とか、考え方とかとはまったく違うものだと思います。

立場がある人や、好感度を気にする人には、とてもいえないようなぶっちゃけたことも、地位や立場などまったく気にしていない僕にはいえます。だから、中卒のクズってある意味最高の立ち位置だと思っています。

でも、本書のなかで少しお話ししたように、僕も起業したてのころは、

・親の期待に応えるため
・変なヤツだと思われないため

に頑張ったり、あるときは逆に、

・親に反抗するため

・人と変わったことをするため

に頑張ったりもしていました。

今、思い返すと、いろいろな役割にはまりながら、自分がブレまくりながら生きていたな～と思うのです。

そんな過去の自分に言ってあげたいのは、ただ1つだけ。「なりたい自分になっていいんだよ」ということ。

なりたい自分になっていい。

今、時代も、考え方も、国も、情報も、

「なりたい自分になっていいんだよ！」

ってどんどん後押ししてくれているような感じがするのです。

人生というのは、自分と環境とで、一緒に創造していくものです。

たとえば、僕がブラジルで生まれて、育っていたら、同じ椎原崇であっても、今の僕とはまったく違う人生を生きているだろうし、今の僕とはまったく違う人格になっているだろうし、今の僕とはまったく違うレベルでサンバのリズムに乗れるような椎原崇ができあがるはずなのです。

これ、どういうことかというと、「理想の自分」というのは「自分」と「環境」２つの要素で構成されていて、自分自身で自分に変化をもたらし、環境を変えながら、創《つく》っていくものだということなのです。


以前、ジブリの歌手になりたいという人が僕の講座にいたのですが、僕が「なれるんじゃない？」と言ったら「うん、なれるかも！」と自分に許可が出せて、たまたま参加したビジネススクールで、ジブリの関係者に出会うことができて宮﨑駿さんとつながることができたという人がいました。いつかご本人にお会いし、もしかしたら本当に歌を歌わせてもらう日も来るかもしれません。

今の日本、今の時代は、
ほしいものを手に入れていける時代
好きな場所に住める時代
海外に安く簡単に行ける時代
すぐに世界中を相手に商売ができる時代
自分が好きなことをしている動画をアップしてお金が稼げる時代
いろいろな人の考え方を簡単に学べる時代

もう、とんでもなく自由がきく時代なのです。

この時代に、日本という国に暮らす僕ら。

今置かれているこの環境こそが、「なりたい自分になっていいんだよ」という僕たちへの愛のこもったメッセージのように思えませんか？

自分にぜひ言ってあげてください。
それができたら、すごいことなんて、たくさんたくさん起こります。
それができる時代にいるんだから。
それができる環境にいるんだから。
なりたい自分になっていい。
この本が、あなたの新しい物語のはじまりになったらうれしいです。

椎原　崇

椎原 崇 しいはら たかし

1981年生まれ。コンサルタント。中学を卒業後、高校へ進学せずパチンコ店に入り浸るうちにパチプロの師匠を得、多いときで月200万円以上を稼ぐプロ生活を送る。その後一度も就職することなく「学歴なし」「資格なし」の状態でビジネスオーナーとなり、お金と時間の自由を手にいれる。セミリタイア生活中に「成功」と「心の幸せ」の相関に着眼。「成功者ほどラクラクと捨てている」と知り、独自の手法で成功者たちを徹底的に研究。現在はコンサルティング業を本業とする。「一度受けただけで人生が一変する」という感動の声が殺到するコンサルティングは「受けたくても受けられない伝説の個人コンサルティング」と呼ばれ、絶大な人気を誇る。経営者、ビジネスマンから学生、主婦まで、幅広い層へ向けて「自分の魅力を自覚して自由に生きる方法」を伝えている。一児の父として育児に励み、家族を大切にする愛妻家を公言。本書が初の著書。

うまくいったやり方から捨てなさい

2018年8月20日　初版印刷
2018年8月30日　初版発行

著者　椎原 崇
発行人　植木宣隆
発行所　株式会社サンマーク出版
東京都新宿区高田馬場2-16-11
電話　03-5272-3166
印刷　株式会社暁印刷
製本　株式会社村上製本所

©Takashi Shiihara,2018 Printed in Japan
定価はカバー、帯に表示してあります。落丁、乱丁本はお取り替えいたします。

ISBN978-4-7631-3706-7 C0030
ホームページ　http://www.sunmark.co.jp

サンマーク出版　話題の本

あなた何様？

ナリ［著］

四六判並製／
定価＝本体1400円＋税

続々重版！　アメブロ大人気ブロガー初の著書。
世界一ふざけた自己啓発書。クスリと笑って読むうちに、
自信がやってきて悩みが去っていく不思議な本。

いつもの自分がやらないほうをやってみる

鳥居ミコ［著］

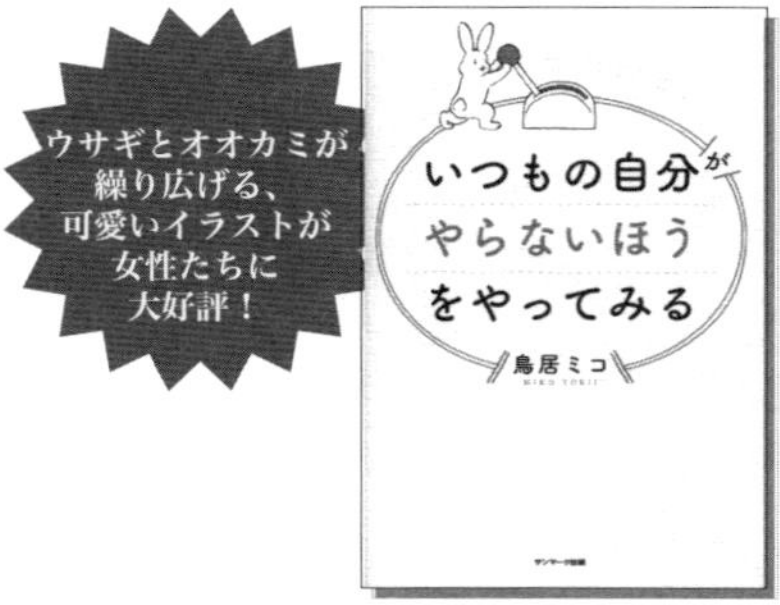

四六判並製／
定価＝本体1300円＋税

「逆」を知ったら、人生が動きだした！
敏腕弁護士兼心理カウンセラーが教える、
心のとらわれを解く２１の練習。